I0837300

complet.

LE PARFUMEUR FRANCOIS,

QUI ENSEIGNE TOUTES les manieres de tirer les Odeurs des Fleurs; & à faire toutes ſortes de compoſitions de Parfums.

Avec le ſecret de purger le Tabac en poudre; & le parfumer de toutes ſortes d'Odeurs.

Pour le divertiſſement de la Nobleſſe, l'utilité des perſonnes Religieuſes & neceſſaire aux Baigneurs & Perruquiers.

Par le Sr BARBE *Parfumeur.*

A LYON,
Chez THOMAS AMAULRY,
ruë Merciere au Mercure Galant.
Et ſe vend auſſi,
Par l'Autheur, demeurant chez le Sr LECOQ,
ruë Ferrandiere vis-à-vis l'Image S. Claude.

M. DC. XCIII.
AVEC PERMISSION.

A

MONSEIGNEUR
MONSEIGNEUR
LE PRINCE D'HARCOURT.

MONSEIGNEVR,

Il n'est rien de si naturel que de se chercher un Patron, c'est ce qui me fait prendre la liberté d'offrir à VOSTRE ALTESSE *ce petit Ouvrage & le mettre sous son illustre protection: I'espere qu'on improuvera d'autant moins mon dessein que les Princes étant l'Image la plus visible de la divinité, ie n'en pourrois trouver un à qui ie pûs presenter ce Traité des Parfums, qu'à celuy dont l'éclatant merite, si géneralement connu, en a pour ainsi parler parfumé toutes les Cours de l'Europe.*

Pour ne rien dire qui ne convienne à VOSTRE ALTESSE *ie passeray tant d'illustres Ayeux dont vous décendés pour renfermer dans vôtre seule personne cette gloire que s'est toûiours acquise la Maison de Lorraine, à laquelle nos Rois & toutes les Maisons Souveraines de l'Europe se sont souvent alliés: Ie n'emprunteray rien d'un grand nombre de Princes d'une singuliere vertu & d'une generosité extraor-*

dinaire qui ont rendu tant de services importans à la France : & sans aller chercher dans les Vaudemonts, Mercœurs, Guises, Ioyeuses, Chevreuses, Mayennes, Aumales, Armagnacs, & l'Ille-Bonne, ie trouveray en vôtre seule Personne ce que tant de grands hommes, qui en sont sortis & à qui vous appartenés par le droit de nature, ont mérité par leur valeur & par leur sagesse.

C'est cette derniere vertu, qui obligea nôtre Incomparable Monarque à vous choisir, MONSEIGNEUR, *pour conduire en Espagne Marie Loüise d'Orleans au Roy son Epoux : Toute l'estime de* LOUIS LE GRAND *parut dans la confiance qu'il vous fit de la personne de cette grande Princesse ; & la sagesse que fit paroî-*

tre le Roy dans la préference de VOSTRE ALTESSE, *fut la recompense de la vôtre.*

Si vôtre sage conduite dans cette rencontre vous a attiré l'admiration d'un chacun, vôtre valeur MONSEIGNEUR, *n'a pas été d'une moindre odeur dans le monde. On a admiré la generosité de* VOSTRE ALTESSE *dans les attaques de Negrepont, lors qu'on a craint pour sa perte aprés la dangereuse blessûre que vous y receûtes, cette intrepidité dans les périls me fait ressouvenir d'un grand Prince de vôtre Nom & de vôtre Sang, c'est le fameux Heros* HENRY *de Lorraine Comte d'Harcourt dont la memoire sera toûiours chere à la France : vous l'avez égalé que dis-ie, dans un âge moins avancé vous l'avez surpassé, & il ne faut pas être instruit de l'Histoire de nôtre temps pour être à sçavoir de qu'elle utilité vous fustes aux Venitiens lors que vous commandiez leurs Troupes à Corinthe.*

Toutes ces choses, MONSEIGNEUR, *que la Renommée a pris soin de répandre dans l'Vnivers sont autant de Parfums qu'elle a épanchez à vôtre honneur, & comme c'est la premiere Parfumeuse, i'ay crû devoir l'imiter en vous dédiant le Traité que i'ai fait de tout ce qui peut contribuër à la satisfaction des personnes de qualité, soit par les Parfums, Essences, Pastilles, soit aussi par toutes les autres bonnes Odeurs dont ie donne les compositions. I'augure favorablement pour mon petit Ouvrage, & le succez en sera tres-heureux, si* VOSTRE ALTESSE, *dai-*

gne le recevoir & agréer que ie fasse sentir à tous le monde qu'il y a pour le moins autant d'honneur que de plaisir à être sous vôtre appuy. Ie suis avec un tres profond respect.

MONSEIGNEUR,

De VOSTRE ALTESSE.

Le tres-humble, tres-
obéïssant, & tres-
obligé Serviteur,
S. BARBE.

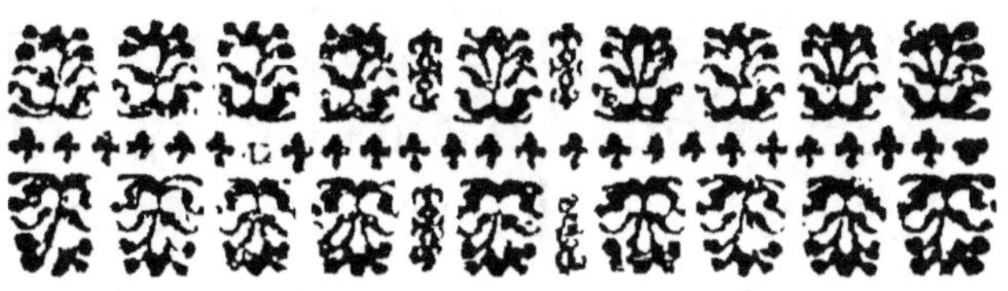

AU LECTEUR.

L'Origine des Parfums n'eſt pas moins ancienne que la creation du monde : Toute la terre formoit alors un jardin délicieux qui exhaloit des odeurs tres-ſuaves. L'art qui ne détruit jamais la nature mais qui la perfectionne, a ramaſſé dans la ſuite des temps ce que cette bonne Mere avóit mis en differens endroits pour faire des compoſitions qui joigniſent par un agreable mélange ce qu'elle avoit parſemé diverſement. Les regles qu'on a dreſſées aprés differentes obſervations n'ont ſervy qu'a donner à l'Art ſon dernier luſtre, & l'experience qui en a été le fondement la rendu preſque infaillible & en a aſſuré des moyens d'autant plus faciles, qu'ils ſont plus pratiquables.

C'eſt à la faveur de ſes regles que j'ay appriſes ſous les plus habiles Maîtres & que j'ay miſes en uſage pendant un tres-longs-temps, que j'ay recueilly les ſecrets dont je faits aujourd'huy un preſent au public. J'avoüe que le deſſein de luy être utile à prévalu à pluſieurs conſiderations qui auroient pû me les faire celer ainſi que font Meſſieurs les Parfumeurs, & je les abandonne d'autant plus volontiers qu'outre que je contribueray à la gloire de Dieu par les Parfums que les personnes religieuses composeront pour leurs Eglises & aux occupations qu'elles se donneront par des Chapelets & Medailles de senteurs, j'auray aussi la satisfaction de contribuër au plaisir de plusieurs personnes de qualitez qui pourront se divertir à composer des Parfums pour leur usage, & pour se delivrer du mauvais air qu'on trouve souvent malgré soy.

Mon intention n'est pas d'écrire pour ceux qui excellent en l'art dont je traite, je suis assez persuadé que chaque Maître a ses regles particulieres & que par diverses methodes ils vont tous à une même fin; j'avoüe encore un coup que ce n'eſt pas pour eux que j'ay fait les Traitez contenus dans mon Livre. Aprés un tel aveu je les prie de ne pas murmurer contre ma conduite & de n'eſtre point fâchez de l'avantage que je procure au public : Qu'ils ſe ſouviennent s'il leur plaît que c'eſt le propre du bien de ſe communiquer avec profuſion, & que celuy qui fait luire le Soleil ſur les bons ne prive pas de ſa lumiere les méchans.

J'ay eû en vûë Meſſieurs les Baigneurs & Perruquiers des villes de Province ou il ne ſe trouve point de Parfumeurs, qui ne doivent pas, pour cela, s'excuſer d'eſtre propre dans ce qu'ils entreprennent, & qui en ſuivant exactement ce que j'écris dans les premiers Traitez ſe pourront fournir de toutes ſortes de poudres & eſſences pour les Cheveux, d'excellentes Savonettes, de lait Virginal, & de toutes autres choſes à leur uſage.

Les perſonnes de condition & celles qui ont un honnête loiſir rempliront leur temps & ſe deſennuyeront en campagne, lors qu'ils employeront l'abondance des fleurs à en faire des parfums à juſte prix. Le beau ſexe même à qui la propreté eſt ſi naturelle, trouvera icy de quoy contenter ſon inclination; & il y a même des ſecrets qu'en executant & les diſtribuant les pourront maintenir dans la qualité que l'Egliſe leur donne de ſexe devot.

On pourra m'objecter: ſi j'ay quelque difficulté, qui pourra me la resoudre : je vous repondray que l'on a qu'à lire mes Avertissemens. Je ne les ay pas voulu inserer dans la matiere afin qu'on y peut avoir recours, & que cela n'embarrassât pas ceux qui voudront pratiquer mes compositions.

Au reste ceux qui sont versez dans la Lecture de l'Ecriture Sainte ne de s'approuveront pas mon procedé. Ils sçavent que dans l'Ancien Testament, il y avoit un Autel qu'on appelloit l'Autel des Thimiame qui êtoit celuy où l'on ne brûloit que des Parfums & sur lequel on ne Sacrifioit que des Odeurs : il est même expressement marqué en plusieurs endroits que le Seigneur s'est plû dans les Odeurs. Les encensemens qui êtoient si regulierement

gulierement obſervez & preſcrits par la Loy en ſont des preuves ſuffiſantes ; & l'on ignore pas non plus que Salomon ce Roy ſi ſage & ſi éclairé avoit quantité de Filles qui luy compoſoient des parfums : La Reine de Saba le venant voir luy en fit preſent de pluſieurs ſortes. Les preſens qui furent faits au Sauveur par les trois Rois dans l'hommage qui luy rendirent furent pour la plûpart des Parfums ; Magdelaine ne luy exprima pas ſon amour qu'en épanchant une liqueur prétieuſe ſur ſes pieds : c'eſt ainſi que je fermeray la bouche à des faux zelez qui voudront blâmer cet ouvrage.

S'il m'eſt permis de paſſer de l'Hiſtoire Sainte à celle de nos jours, le plus grand des Monarques qui ait jamais été ſur le Trône s'eſt pleu à voir ſouvent le Sieur Martial compoſer dans ſon cabinet les odeurs qu'il portoit ſur ſa Sacrée perſonne ; Monſieur le Prince de Condé dont la memoire ſera toûjours en veneration à la France faiſoit parfumer devant luy par le Sieur Charles le Tabac & pluſieurs choſes de cette nature dont il ſe ſervoit. Le nom de Poudre à la Maréchalle n'a été donné que parce que Madame la Maréchalle d'Aumont ſe divertiſſoit à la faire. C'eſt ainſi qu'à l'imitation de ſes illuſtres perſonnes l'on pourra s'occuper à mettre en pratique ce que j'ay enfermé dans mes differens Traitez, avec aſſurance certaine que je leur donne de réüſſir s'il les pratiquent fidellement, puiſqu'il n'y a pas un ſecret que je n'aye pluſieurs fois experimenté avec beaucoup de réüſſite. Heureux ſi je puis meriter l'approbation des honnêtes gens.

LES MARCHANDISES ou Drogues dont on ſe ſert le plus dans les Parfums, ſont.

L'Ambre gris.
L'Ambre noir.
Le Muſc pur.
Les veſſies de Muſc.
La Civette d'Hollande.
La Civette d'Angleterre.
Le Benjoin commun.
Le Benjoin beau & bon.
Le Benjoin le plus beau.
Le Storax liquide.
Le Storax ſec.
Le Baume du Perou.
Le Calamus.
Le Souchet.
La Canelle.
Le Geroſle.
Les Muſcades.
L'Iris.
La Coriante.

Le Labdanum.
Le Macanet.
L'Amidon.
Le Bois de sendal Citrain.
Le Bois de Rozes.
Le Bois de Calambour.
Le Bois de sainte Lucie.
L'Esprit de Vin.
L'Essence de Gerofle.
L'Essence de Canelle du Havre.
L'Essence de Canelle d'Hollande.
L'Huile de Ben.
L'Huile d'Amande douce.
L'Huile d'Olive.
La Gomme Arabic.
La Gomme Adragant.
Le Cachou.
Le Sucre blanc.
La Cire blanche.
Le Corail.
Le Sirop de Griottes.
L'Orcanet.
Le Savon de Genne.

Toutes les Marchandises ou Drogues cy-dessus nommées se trouvent chez les Espiciers, parce que se sont presque toutes Marchandises Etrangeres.

Les paquets de Savonettes communes de Bolognes dont on peut avoir beſoin ſe vendent à Lyon chez le Sieur Orlandy au milieu de la ruë Longue au Soleil Levant ; Et à Paris chez le Sieur Girault au cul de ſac derriere S. Germain de l'Auxerrois.

Les Fleurs dont l'on ſe ſert dans les Parfums, ſont.

LEs Rozes communes.
Les Rozes muſquées.
Les Rozes de provin.
Les Iacintes.
Les Violettes.
Les Ionquilles.
Les Narciſſes.
Les Fleurs d'Orange.
Les Fleurs de Iaſſemin.
Les Tubereuſes.
Les Cacies.

REMARQUES SUR LES Principales Marchandises cy-devant nommées, pour connoître si elles sont bonnes ou non.

De l'Ambre.

COmme l'Ambre est une Marchandise de peu de montre & qui coute beaucoup, il est bon pour les personnes qui en voudront achepter d'en avoir la connoissance ; ce qui est bien aisé en remarquant que lors que l'Ambre est évanté, ou qu'il a quelque méchante qualité on le connoît en ce qu'il est rempli de petites piqures blanches : c'est ce qu'on appelle renardé, il faut aussi prendre garde qu'il n'ait pas quelque odeur qui ne convienne pas à sa qualité ; on peut l'éprouver en faisant chaufer un éguille & le piquer ; il sera aisé de sentir si l'odeur de sa fumée en ſera agreable, il n'y a guére d'autres accidens à éviter à l'Ambre noir.

Pluſieurs ont traité de l'Ambre je ne pretends pas icy faire une diſſertation, mais j'aſſure aprés pluſieurs bons Autheurs que l'Ambre ſe forme ſur la Mer, & que c'eſt une eſpece d'écume qui eſt pouſſée par les flots ſur le rivage & qui s'endurcit dans la ſuite.

Du Muſc & veſſies de Muſc.

AFin que l'on ait plus de facilité à connoître le Muſc je diray dans le deſſein de ſatisfaire à la curioſité de pluſieurs, d'où l'on tient qu'il provient. Le Muſc eſt un Animal qui ſe trouve dans les païs chauds, & que les chaſſeurs laſſent à la courſe afin de le prendre en vie, & lors qu'ils l'ont attrapé ils le piquent à tous les endroits du corps avec une éguille pointuë & envenimée par le bout, le venin du fer empêche que le ſang de l'Animal ne ſorte, mais au contraire à chaque piqure il ſe fait une poche de ſang: & afin

afin que le ſang ne retourne pas dans le corps, ils fendent le ventre de l'Animal du quel ils tirent les plus menus boyaux avec leſquels ils lient toutes les poches de ſang qu'il a autour du corps, ils le mettent enſuite ſeicher au Soleil, de ſorte que le ſang ſe caille & ſe ſeiche, & puis ils coupent toutes ſes poches de ſang : c'eſt ce qu'on appelle veſſies de Muſc, & le veritable Muſc eſt le ſang qui eſt dedans, qui eſt caillé & ſeiché comme j'ay dit. Les veſſies ſe ſont toutes les poches qui renferment le ſang & non pas les rognons de l'Animal, ny les rognons des Fouïnes comme pluſieurs croyent : car les rognons des Fouïnes ne ſont propres à rien ils ont bien quelque petite odeur mais fort foible & inutile dans les parfums. A l'égard du Muſc pour être bon il ſe doit rompre aiſément avec les doigts comme du ſang ſec qui pourtant n'a pas de dureté, car lors qu'il ſe trouve trop dur & trop ſec c'eſt une marque qu'il eſt trop vieil & par conſequent qu'il a perdu ſa bonne qualité & n'eſt plus propre à rien.

Pour le conſerver il faut le ſerrer dans une boîte de plomb, parce que le plomb le tient frais & qu'il y ait boîte ſur boîte afin qu'il ne s'évante pas.

De la Civette.

AYant dit ce que j'ay remarqué ſur l'Ambre, & le Muſc, le Lecteur ne ſera pas fâché ſi je luy fait connoître d'où procede la Civette, en donnant en même temps les remarques que l'on peut obſerver pour connoître ſi elle eſt bonne ; la Civette eſt un Animal qui reſſemble à une Foüine, elle eſt un peu plus groſſe, elle paroît eſtre fort triſte de ſon naturel, on la tient enfermée dans une cage de fer, & les perſonnes qui gouvernent ſes animaux ſçavent connoître le tems qu'il faut prendre pour les faire ſuër, en mettant pluſieurs rechauds pleins de feu au tour de leurs cages, cela aide au naturel de l'Animal, & comme la ſüeur en eſt fort épaiſſe on ramaſſe avec un couteau d'Ivoire toute la sueur qui se trouve sous ses essailles ou entre ses cuisses, c'est ce que nous appellons la Civette, & lors qu'elle est nouvelle elle est blanche, elle n'est pas encore en état d'être employée, & lors qu'elle est trop vieille, elle est toute brune, elle n'est pas bonne non plus, mais il faut qu'elle soit d'un jaune doré & d'une tres-forte odeur qui soit pourtant agreable, & sur tout qu'elle ne file pas, car il y auroit danger qu'elle ne fut mêlée de miel. Pour la bien conserver il faut la mettre dans un pot de verre, & mettre le pot de verre dans une boîte de plomb garnie de cotton.

Du Benjoin.

LE Benjoin commun est ordinairement fort brun, pour le meilleur c'est celuy qui est perlé, plein de grosses larmes blanches, clair, luisant, l'odeur bien forte & bien net, il ressemble à des amandes qui seroient confites dans du miel, on tient qu'il vient d'Arabie & qu'il se trouve dans la montagne où croit l'Encens, il se durcit & se forme en pierre comme nous le voyons, c'est ce que les Anciens appelloient la Mirrhe.

Du Storax.

IL n'est pas difficile de connoître si le Storax liquide est bon puis qu'il ne peut être autrement, quant au Storax sec il ne faut choisir le plus sec que lors qu'on en a besoin pour mettre en poudre, hors de cela le plus tendre est le meilleur, car quand il est nouveau il se romp comme du pain d'épice, c'est lors que son odeur est meilleure, il vient aussi d'Arabie, & c'est une gomme qui provient d'un arbre : l'odeur en est fort bonne particulierement dans les compositions propre à brûlers.

Du Baume du Perou.

LE Baume du Perou se connoît à la force de l'odeur. Il faut pour être bon qu'elle soit forte & agreable,

& pour connoître ſ'il n'eſt pas falſifié, il faut tremper un brin de paille dans le Baume & l'égouter ſur un verre d'eau, ſi la goute de Baume va au fonds de l'eau ſans rien laiſſer deſſus, il eſt bon.

Du Macanet.

IL faut caſſer les grains du Macanet, s'ils ſe trouvent jaunes c'eſt une marque qu'il eſt vieil, car pour être bon & nouveau, le dedans des grains doit être blanc & l'odeur en eſt beaucoup meilleure.

De l'Eſprit de Vin.

POur éprouver ſi l'eſprit de Vin eſt bon, vous en pouvés mettre plein une cueilliere avec une pincée de poudre à tirer, & y mettre le feu, ſi la poudre prend feu & enleve l'eſprit de vin il eſt bon.

Vous pouvés encore en mettre dans une cueillere & y mettre le feu, & le laiſſer brûler à loiſir dans un lieu où il n'y ait point d'air, si la cueillere reste moüillée aprés le feu éteint, c'est une marque qu'il n'est pas bon.

De l'Amidon.

L'Amidon du quel on se sert pour faire les poudres à poudrer les cheveux, n'est pas celuy qui sert à faire l'empois : il y a cette difference que celuy pour l'empois est gras, & celuy pour les poudres est extrêmement sec & ainsi tout le plus blanc & le plus sec est le meilleur.

Du Savon de Genne.

COmme dans l'employ du Savon on a besoin du meilleur, il le faut prendre vray Genne, qu'il soit bien ferme & sec, car s'il est humide & qu'on le garde il diminuera tous les jours du poids, & outre cela il ne pourra manquer de sentir l'huile, parce qu'il sera nouveau fait, ce qui feroit un tres mauvais effet pour les Savonettes.

Je ne dis rien du reſtant des drogues ou marchandiſes cy-devant nommées, chacun étant bien capables de connoître ſi elles ont l'odeur bien naturelles du nom qu'elles portent.

AVERTISSEMENTS sur les principales compositions.

Sur les Poudres à poudrer les Cheveux.

TOutes les Poudres blanches sont faites d'Amidon, qui sort du bled aprés que la farine en est tirée, & il n'y a pas plus d'apprêt à l'Amidon pour la Poudre de haut prix, que pour celle de bas prix. Il ne s'agit que de le piler & le passer bien fin au Tamis : il est seulement necessaire de s'y rendre sujet quand on le parfume aux fleurs, parce que de-là dépend la bonté de la Poudre, & particulierement à celle de fleurs d'Orange & à celle de Rozes communes, parce que si on est plus longs-temps à la remuër qu'il n'est marqué dans son lieu, cette Poudre sera en danger d'estre gâtée, d'autant qu'elle s'échaufera d'une maniere qu'à peine on y pourra souffrir la main. Les fleurs seront reduites en fumier, & rendront l'Amidon tout moüiet & en plotte & sentira le pourry, ce que l'on évitera si l'on pratique ce que je marque dans les Articles où j'en traite : cependant s'il arrivoit qu'elles fussent gâtées, il y faudroit remedier promptement de la maniere qui suit. Il faudroit la remuër par tout défaisant avec les mains toutes les mottes qui se seroient faites, & sasser à l'instant toutes les fleurs & en remettre de fraîches, & les remuër de trois en trois heures & elle se racommodera. Il n'y a pas de danger aux autres fleurs parce qu'elles ne s'échaufent point, mais il faut toûjours en avoir soin & ny laisser les fleurs, que le temps qui est marqué dans leurs Articles. Il faut aussi sçavoir que toutes les fleurs ne sont pas capables de communiquer leur odeur à la poudre, & qu'il n'y a que les fleurs d'Orange, le Jassemin, les Rozes communes, les Rozes musquées & la Jonquille. Car toutes les autres fleurs ont l'odeur trop foible,

& quoyque la Tubereuſe ſemble avoir l'odeur aſſez forte, neanmoins ſa qualité ne permet point cela, & en un mot il eſt inutile de s'en ſervir pour les Poudres.

La Poudre de Cipre eſt faite de mouſſe de Chêne, la Poudre de Violette eſt faite de racine d'Iris, & celle de Franchipanne eſt faite moitié poudre de Cipre & moitié Amidon : il faut que ſes ſortes de Poudres ſoient faites l'Eté autrement elles ſont difficiles à faire à cauſe de l'humidité, & il les faut ſerrer dans un lieu ſec. J'avertis que la mouſſe de Chêne de laquelle on fait la Poudre de Cipre, n'eſt pas celle qui croît aux pieds des Arbres, & qui eſt verte, & reſſemble à de la frange, mais c'eſt celle qui croît ſur les branches des vieux Chênes ; elle eſt blanche & faite en feüille.

Sur les Savonettes.

LEs plus excellentes & les meilleures Savonettes étoient autrefois celles de Bolognes, car les Bolonnois avoient trouvé le secret de si bien préparer & parfumer le Savon, que personne n'avoit jusqu'à lors entrepris sur leur maniere, mais ils ont si fort negligé de les bien parfumer, & l'on s'est si bien étudié que l'on a trouvé le moyen de faire mieux qu'eux : De sorte que presentement toutes les Savonettes que l'on vend pour Bologne n'en sont point, mais elles sont tout aussi bonnes puisque l'on se sert du Savon qu'ils apprêtent, & que tout dépend de la maniere de les parfumer ainsi que vous le verrez.

A l'égard des autres sortes de Savonettes, tout l'art consiste à bien préparer le Savon comme je l'enseigne, car le Savon ayant de soy-même une assez méchante odeur, il est besoin de la luy ôter avant que d'y mettre aucun parfum. C'est l'avis le plus important sur ce sujet.

Quant aux communes il n'est pas necessaire qu'il soit purgé si l'on ne veut, car les essences que l'on y met pénetrent tout.

Si on les veut marquer de quelque marque ou cachet, il faut que ce soit lors qu'elles ſont roulées & un peu rafermies, & ſi on les veut dorer, il faut attendre qu'elles ſoient ſeiches, il n'y a pour cet effet qu'à humecter la marque de la Savonette avec un peu de cotton imbibé d'eau de ſenteur, enſuite poſer la Savonette ſur la feüille d'or, que vous aurez auparavant coupée à peu prés de la grandeur de la marque, & appuyer l'or avec un peu de cotton ſec, & ſera fait.

Sur le lait Virginal.

PLuſieurs entreprennent tous les jours de compoſer du lait Virginal & ont peine d'y bien réüſſir: le plus ſouvent le deffaut vient de ce qu'ils y mettent plus de drogues qu'il n'y faut; ils croyent que ſans litarge il ne blanchira point l'eau, & c'eſt un abus. Obſervé exactement ce que j'en dis en ſon Article, & vous en ferez qui aura toutes les qualitez qu'il doit avoir. Je vous donne ſeulement avis de le faire l'Eté au Soleil, parce qu'il y a des gens qui en ont voulu faire l'hiver au Bain-marie qui s'en ſont mal trouvez, car la bouteille venant à caſſer comme il eſt arrivé, le feu ſe prend à l'eſprit de vin & eſt capable de cauſer du déſordre.

Sur les Eſſences & huiles parfumées aux fleurs, & les Eſſences naturelles.

LEs Eſſences de fleurs, dont on ſe ſert pour les Cheveux, ne ſont point véritables eſſences, ſe ſont des huiles auſſi bien que les huiles communes qui ſervent au même effet, & ſi l'on les nomme eſſences, c'eſt parce qu'elles ſont faites d'une huile qui prend parfaitement bien l'odeur des fleurs, & pour en faire la difference d'avec l'huile commune. Les huiles communes ſont l'huile d'Amande douce & l'huile d'Olive que l'on parfume aux fleurs, & deſquelles on ſe ſert journellement pour les Perruques. Mais l'huile que l'on nomme Eſſence eſt tirée du Ben qui eſt une noizette à trois quarres, & dont l'Amande rend une huile ſi belle & ſi douce, qu'elle ne ſent quoyque ce ſoit : De ſorte que ne ſentant rien d'elle-même elle prend parfaitement bien l'odeur de la fleur que l'on luy donne, même des fleurs de la plus delicate & plus foible odeur, & ſi naturellement qu'il n'y a pas de difference entre l'odeur de la fleur & celle de l'huile lors qu'on prend ſoin de la bien travailler. Vous verrez dans ſon lieu de qu'elle maniere on parfume les unes & les autres.

A l'égard des Eſſences naturelles, elles ſont véritables Eſſences, puiſqu'elles ſortent de la fleur ou du fruit du nom qu'elles portent : les Eſſences naturelles ſont, l'Eſſence de Neroly autrement dit, quinteſſence de fleurs d'Orange, l'Eſſence de Cedra qu'on nomme de Berga-motte, l'Eſſence de Citron, & l'Eſſence d'Orange forte ou de petit grain. Celle de Neroly ſe tire ſur l'Eau de fleurs d'Orange, & eſt produite par le fruit qui eſt dans la fleur ; celle de Cedra eſt produite par les zeſts que l'on tire de l'écorce du Citron de Berga-motte, celle de Citron eſt tirée du Citron diſtilé, & celle d'Orange des Oranges diſtilées. Voilà la difference qu'il y a entre les Essences & les huiles. Les fleurs qui nous peuvent servir dans ce climat à faire des Essences & des huiles pour les Cheveux ou Perruques, sont le Jassemin, la fleur d'Orange, la Tubereuse, la Jonquille, & les Rozes musquées, d'autant qu'elles sont les plus communes & les plus fortes d'Odeurs, car toutes les autres ont l'odeur trop foible. Chacun sçait que c'est la force du Soleil qui donne la force aux fleurs, c'est pourquoy nous ne pouvons pas employer jusqu'aux moindres fleurs comme dans les païs chauds.

Sur les Pommades parfumées aux fleurs.

LEs Pommades en odeur de fleurs ne sont pas propres au visage, elles ne le sont qu'aux cheveux, elles ne sont plus en regne si fort qu'elles ont été, car on a trouvé plus de commodité aux huiles, mais si les huiles sont commodes pour les Perruques, les Pommades sont necessaires pour décraſſer les Têtes des Femmes, & en même-temps pour nourrir leur cheveux, ainſi elles ſont toûjours de ſervice. Il eſt neceſſaire pour leur bien faire prendre l'odeur des fleurs de bien purger dans l'eau la panne de quoy elle eſt faite, c'eſt le principal.

Sur les parfums pour la Bouche.

L'Ambre eſt ſingulier pour l'eſtomach, le Muſc en quantité n'eſt pas bon pour la Bouche, ainſi le moins que l'on en met dans les compoſitions eſt toûjours le mieux & jamais de Civette, elle ne vaut rien à la bouche.

Sur les Eaux de ſenteurs.

LEs Eaux d'Ange ſe font de pluſieurs façons & ſont preſque toûjours là-même choſe; & du moment que l'on a en memoire toutes les drogues qui y peuvent entrer, & que l'on ſçait à peu prés la doze du fort & du foible, ainſi que les Articles l'enſeignent, on la fait facilement tant bon-

ne

ne que l'on veut, en augmentant ou diminuant la dépense. Ce qu'il y a de particulier c'est que la faisant dans le coquemart, elle se fait trouble & épaisse & la faisant distiler au Bain-marie, elle se fait claire comme eau de roche, cependant elle a la même odeur que l'autre.

L'Eau de la Reine d'Hongrie ne se peut faire si bonne qu'à Montpellier, parce qu'ils la font avec les fleurs de Romarin qu'ils ont en abondance; mais cependant celle que nous faisons avec les feüilles est fort bonne & a la même vertu.

A l'égard des Eaux de fleurs, il n'y a que la fleur d'Orange & celle de Roze de laquelle on puisse faire de l'eau, & s'il s'en trouve d'autre sorte elle est artificielle. Plusieurs ont voulu faire de l'eau de Jassemin & n'y ont pas réüssi : la raison en est aisée à trouver, c'est qu'il faut que ce soit une fleur qui ait du corps pour pouvoir produire de l'eau, autrement il faut que ce soit des fleurs qui sortent d'un Arbre Aromatique, comme le Romarin, ou le Mirthe, desquels on peut se servir des feüilles qui ont beaucoup de force pour aider à la fleur. Exemple, frottez dans vôtre main une fleur d'Orange ou une Roze, & la sentez vous trouverez qu'elle sentira plus fort qu'auparavant ; il en est tout au contraire d'une fleur de Jassemin, ou d'une Tubereuse, car bien loin de communiquer son odeur, elle se reduira en fumier, & sentira mauvais : c'est ainsi que chaque chose porte sa qualité. Il est aisé de-là à juger que quoyque l'on vende de l'eau d'œillet, on ne peut pourtant en tirer de l'eau, puisque cette fleur n'a pas la force d'en produire ; mais parce qu'il tire sur l'odeur du Gerofle que l'on a adouci en en tirant de l'eau, c'est par ce moyen que l'on a de l'eau qui a l'odeur de l'œillet.

Sur les Pastilles à brûler.

POur les compositions de Pastilles, il ne faut entreprendre d'y mêler que des choses qui sont propres à brûler, & qui pousse de l'odeur dans la fumée, car autrement ce seroit autant de perdu. Pour exemple si vous y mettez de la Civette, elle rendra plûtôt une méchante odeur qu'une bonne, pour preuve mettez un grain de Civette dans le feu, il sentira plus mauvais que bon, & le Musc de même; & au contraire mettez-y de l'Ambre & vous en tirerez une odeur agreable, & ainsi des autres drogues.

Sur les grosses poudres dont on remplis lès Sachets & Toilettes.

IL faut remarquer que toutes ses sortes de compositions, quoyque differentes, ont toutes du rapport les unes avec les autres, parce qu'elles sont presques toutes d'odeurs fortes, & la plus grande subtilité en les composant, est de mélanger toutes les drogues avec tant de précaution, que l'on puisse rendre difficile à connoître laquelle de toutes les odeurs mélangées est celle qui domine, ce qui se peut comprendre facilement par la lecture & pratique des Articles qui les contiennent, appropriant un peu plus d'odeurs douces avec un peu moins des fortes à quoy on peut remedier quand même on y auroit manqué, puisque le mélange étant fait on y peut ajoûter ce que l'on trouve à propos.

Sur les herbes Aromatiques.

LEs herbes Aromatiques ne sont pas bien necessaires dans les parfums, mais comme il se trouve quelques personnes qui s'en servent, j'ay ajoûté la maniere de les pouvoir employer, quoyque toute la peine que l'on y peut prendre ne les rend jamais guere agreables, car ces sortes d'herbes gardent si bien leur odeur, qu'il est fort difficile de les adoucir. On les employe seulement avec quelque autres drogues qui ne se peuvent corrompre par leur force, ou bien faisant un Pot pourry comme il est dit en son Article.

Sur les Composition à porter sur soy.

TOutes les compositions à porter sur soy doivent êtres toutes d'odeurs douces & agreables ; & que le

Musc ny la Civette ny soient jamais par quantité, & que l'un ou l'autre ne soit pas pur, car le Musc pur entête, & la Civette n'est pas agreable étant seule, ainsi il faut les moderer par les mélanges d'odeurs plus douces, comme vous le connoîtrez dans les Articles où j'en parle.

Sur les Compositions à charger Gands ou Peaux.

COmme ces compositions renferment ce qu'il y a de plus precieux dans les Parfums, puisqu'elles sont composées d'Ambre, de Musc, & de Civette, d'Eaux de senteurs & d'Essences douces, il se faut bien garder de jamais y mélanger aucune odeur ny essences fortes, car quoyque ces parfums ayent beaucoup de force, il est constant que s'ils sont traversez par des parfums contraires, ils se gâtent aussi-tôt, & perdent leurs qualitez, & au contraire comme toutes les odeurs douces se conservent les unes avec les autres, ses sortes de parfums durent à l'infini lors qu'ils sont bien compoſez & appliquez bien à propos. Mais pour durer longs-temps, il faut pardeſſus toutes choſes que les Peaux ou Gands ſur leſquels on les emploie, ayent été parfaitement bien purgés c'eſt le principal & le plus neceſſaire.

Sur le Tabac.

CE n'eſt pas un des moindres Articles des Parfums que de bien donner l'odeur des fleurs au Tabac, car on doit être perſuadé que ſon odeur naturelle eſt d'une force extraordinaire, & par conſequent qu'il faut qu'il ſoit parfaitement bien purgé & qu'il ait abſolument perdu ſon odeur forte, pour en pouvoir prendre aiſément une douce; car il eſt conſtant que s'il n'eſt pas purgé dans ſa perfection, il ne prendra jamais bien l'odeur des fleurs, ou s'il la prend ce ſera en employant une fois autant de fleurs qu'il en eſt neceſſaire, & il eſt certain que l'odeur ne s'en conſervera pas longs-temps. On aura encore le chagrin que les autres parfums que l'on y pourra mettre d'Ambre, de Muſc, & de Civette ne ſeront point l'effet qu'ils feroient s'il étoit bien purgé : car outre que l'odeur n'en ſera pas ſi agreable, il arrivera que l'odeur du Tabac corrompra en peu de temps ces bons parfums, & il ne ſera jamais bon. C'eſt pourquoy il ne faut pas regarder à la diminution que la purgation y aporte pour le rendre dans ſa perfection ; pourveu que l'on ſe ſerve de Toile bien ſerrée il ne diminuera pas beaucoup & l'on ſera aſſuré que l'odeur ſe conſervera aiſément d'une année à l'autre dans ſa bonté. Les manieres en ſont fort aiſées ainſi que vous le verrés dans ſon Traité.

Sur le Temps de cueillir les fleurs.

LOrs que vous voudrez employer des fleurs, ſoit pour les Gands, ſoit pour les Eſſences, Pommades, Tabac ou enfin à tout ce à quoy vous en aurez beſoin, obſervez particulierement que c'eſt le matin & le ſoir qu'elles doivent être cueillies ; ſçavoir le matin aprés que le Soleil aura donné deſſus une heure ou deux, & le ſoir deux heures avant le Soleil couché : que les fleurs d'Oranges & autres soient ouvertes & non pas en bouton : qu'elles ne soient moüillées en aucune façon, & sur tout qu'elles ne soient point envelopées de linge mais de papier bien sec.

Le dernier avertissement que je donne, c'est que si l'on trouve que la quantité que je marque dans mes compositions soit trop grande, il est facile d'en accommoder si peu que l'on voudra à la fois en diminuant également ou à proportion toutes les choses qui y sont comprises. Je les ay toutes écrites de la même maniere que je les ay moy même experimentées & executées.

Je ne renferme pas dans ce petit volume aucune maniere de farder, étant persuadé qu'il n'y a point de fard qui ne gâte le visage : j'enseigne seulement des Pommades qui sont tres-singulieres, & desquelles on se peut servir en toutes assurance, car elles font un tres bel effet & ne fardent pas.

TRAITE'

TRAITE'

DES POUDRES POUR les Cheveux.

Poudre de Rozes communes.

DANS une caiſſe où il y aura vingt livres de poudre d'amidon, vous y mettrés une livre de feuilles de Roſes, que vous mélerés bien avec la main, enſorte qu'il y en ait par tout, & de quatre en quatre heures vous ne manquerés de la bien remuër, afin que les fleurs ne s'échaufent point; & le lendemain à pareille heure que vous les aurés miſes vous les ſaſſerés, & vous en remettrés d'autres en pareille quantité & ainſi de même juſqu'à trois fois, pendant lequel temps vous laiſſerés la caiſſe ouverte depuis la premiere fois que vous y aurés mis les fleurs juſqu'à ce qu'il n'y en ait plus, & la poudre ſera faite.

Poudre de Rozes muſquées.

COmme l'on a pas les Rozes muſquées en abondance comme les communes, il ne faut prendre du corps de poudre qu'à l'équipolent de ce qu'on a de fleurs, & faire enſorte qu'il y en ait par tout, & laiſſer les fleurs dans laditte poudre vingt quatre heures: Au bout du quel temps il faudra ſaſſer les fleurs & en remettre de fraîches, & ainſi faire juſqu'à trois fois. Il n'eſt point neceſſaire de remuër les fleurs, parce qu'elles ne s'échaufent point. La caiſſe doit demeurer fermée.

Poudre de fleur d'Oranges.

DAns une caiſſe où il y aura vingt cinq livres de poudre d'amidon, vous y mélerés une livre de fleurs d'Orange, vous ferés enforte qu'elles soient également mises par tout, & vous aurés soin de la remuër au moins deux fois le jour pour empêcher qu'elles ne s'échaufent, & au bout de vingt quatre heures vous sasserés vos fleurs, & en remettrés de fraîches en même quantité & vous ferés ainsi pendant trois jours. Si l'odeur ne vous en paroît pas assez forte, vous en pourrés remettre encore une fois & elle sera faite. Il faut toûjours tenir la caisse fermée, aussi bien quand les fleurs y sont, comme lors qu'elles ny sont plus.

Poudre de Iassemin.

DAns une caisse où il y aura vingt livres de poudre d'amidon, vous y mêlerés un millier de brins de Jassemin bien également, faisant un lit de poudre & un lit de fleurs, & vous laisserés ainsi vos fleurs l'espace de vingt quatre heures sans les remuër, car le Jassemin ne s'échaufe pas. Ensuite vous sasserés vos fleurs, & en remettrés de fraîches en même quantité;vous continuerés ainsi l'espace de trois jours, & elle sera faite ; si vous souhaitez que l'odeur en soit plus forte, vous y remettrés des fleurs encore une fois.

Poudre de Ionquille.

VOus en userés pour la composition de cette poudre, comme à la poudre de Rozes musquées : Selon la quantité que vous aurez de fleurs vous prendrés de la poudre, ensorte qu'il y ait des fleurs par toute laditte poudre sans être pour tant trop confuses ; & les ayant laissé vingt quatre heures, sassés vos fleurs,& en remettez de fraîches : Vous ferez ainsi l'espace de trois jours, & sera faite.

Poudre d'Ambrette.

PRenés cinq livres de poudre de Jassemin & cinq livres de poudre de Rozes musquées, & les mélés ensemble. Ensuite emplissez un sas de cette poudre ; versés dedans deux gros d'essence d'Ambre & la mêlés; puis sassés vôtre poudre, à la reserve des grumelots que l'essence aura formé: Remettés parmy les grumelots de la susdite poudre & continués à sasser jusqu'à ce que vous ayez desseiché & passé le tout. Puis mèlés bien le tout ensemble, & sera fait.

Quoique les Poudres Blanches soient parfumées aux fleurs, ce n'est pas encore assez, il faut faire un parfum comme cy aprés, afin de les mettre dans leur perfection & pour lors il n'y manquera plus rien.

Parfum pour parfumer les autres poudres.

PRenés douze livres de poudre d'ambrette ou autre sorte si vous voulés, ensuite mettés dans le petit mortier un demi gros de Civette & gros comme une petite noix de sucre, & les pilés ensemble: Ajoutés y de cette poudre & la passez au sas: & ce qui vous restera de grumelots, repilés les & les consommés & passés avec de la même poudre, & ayant tout passé vous consommerés de la même maniere un gros de Musc, puis vous mêlerés bien le tout ensemble, & sera fait.

Vous pouvés mêler deux onces de cette poudre dans une livre de poudre de jassemin ou de fleurs d'orange, cela fait un mélange d'odeurs fort agreable, & aide beaucoup à faire pousser les odeurs de fleurs.

Poudre purgée à l'Eau de vie.

DAns une caisse où il y aura dix livres d'amidon en poudre, vous y verserés une chopine d'Eau de vie & mêlerés bien le tout. Ensuite le laisserés seicher, & étant sec le pilerés & repasserés bien fin par le Tamis, & sera fait.

Poudre de Violette ou d'Iris.

IL n'y a point d'autre façon à faire que de piler l'Iris & le passer au Tamis : cette poudre est tres bonne pour les cheveux, & elle sent naturellement la violette, & il n'y en a point d'autre de cette odeur, parce que la fleur n'a pas assez de force.

Poudre de mousse de Chesne : Autrement dit de Cipre.

IL faut premierement mettre tremper la mousse de Chesne dans beaucoup d'eau, l'espace de trois jours au moins, ensuite la retirer de l'eau & la bien exprimer, puis la laver encore par plusieurs fois jusqu'à ce que l'eau demeure nette, & pour lors vous l'a retirerés de l'eau & l'exprimerés bien & la mettrés secher au Soleil, & vous aurés soin de la remuër de deux en deux heures à mesure qu'elle seichera, afin qu'elle ne s'échaufe pas, & étant bien seiche vous ferés ce qui suit. Pour la mettre en poudre vous emplirés vôtre mortier de laditte mousse, & jetterés dessus un verre d'eau & la pilerés, elle ne manquera de se reduire en miettes; ce qui ne se feroit pas si elle n'étoit humectée de la façon, & aprés l'avoir ainsi reduitte, vous l'a remettrés ſeicher au Soleil, & étant bien ſeiche, vous l'a pilerés aiſément au mortier & la paſſerés au Tamis tout le plus fin, & ſera faite.

La derniere purgation que l'on fait à la poudre de Cipre, c'eſt de luy donner une fois ou deux les fleurs de Jaſſemin ou de Roſes muſquées tout comme aux autres poudres. Elle ne prend pas pour cela l'odeur des fleurs comme l'amidon, mais cela l'a rend en état de prendre facilement les autres odeurs que l'on luy veut donner.

Comme on a à Lyon la commodité des Trouilleurs, qui mettent toutes choſes en poudres, les perſonnes de Lyon pourront par ce moyen la faire mettre en poudre ſans en avoir la peine, pourveu qu'elle ſoit auparavant bien purgée & ſeichée ainſi que je viens de le dire.

Poudre de Franchipanne.

VOus prendrés ſix livres de poudre de fleurs d'Orange & ſix livres de poudre de mouſſe de Cheſne, que vous mêlerés ensemble, puis vous ferés chaufer le cul du petit mortier & le bout de son pilon assez chaud pour griller la salive ; vous y verserés une once d'essence d'Ambre & dans le même instant plein la main de la susditte poudre, que vous mêlerés bien avec le pilon y ajoûtant de la poudre jusqu'à ce que le mortier soit plein, ensuite vous renverserés vôtre mortier dans un sas, & vous remettrés encore de la même poudre par dessus, & la casserés dans une caisse afin que l'odeur ne s'évante pas, & ce qui restera de grumelots que l'essence aura formé, vous les remettrés dans le mortier, les pilant & mêlant comme auparavant en ajoûtant de la poudre, & enfin continuerés ainsi jusqu'à ce que le tout soit consommé & passé, puis vous ferés ce qui suit.

Vous mettrés dans le mortier un demi gros de Civette avec un morceau de sucre gros comme une noix, vous broyerés vôtre Civette avec le sucre, vous y ajoûterés peu à peu de la poudre, en la mêlant avec le pilon, enſuite vous la renverſerés dans un ſas & ſaſſerés legerement, puis vous remettrés dans le mortier les grumelots que la Civette aura formés, vous les repilerés y ajoûtant de la poudre comme auparavant, & continuerés ainſi juſqu'à ce que le tout ſoit paſſé, puis vous mêlerés bien le tout enſemble & elle ſera faite.

Cette poudre eſt d'une agreable odeur, la couleur en eſt d'un gris cendré, qui convient parfaitement bien à toutes couleurs de cheveux.

Autre maniere.

VOus pouvés mêler de la poudre de Cipre avec de la poudre d'amidon en quantité égale, & leur donner les fleurs comme à la poudre de fleurs d'Orange ou de Jaſſemin, & enſuite quand bon vous ſemble leur donner l'odeur de l'Ambre & de la Civette comme il eſt enſeigné cy-deſſus, & elle ſera tres bonne.

Autre maniere.

AYant obſervé l'un des deux articles cy-deſſus, ſi vous voulés la rendres muſquée, il faut ſur la même quantité de poudre, au lieu d'y mettre un demi gros de Civette, n'y en mettre que dix-huit grains & y ajoûter un demi gros de Muſc, & le broyer & conſommer avec du ſucre de la même maniere que l'on conſomme la Civette, & l'odeur en ſera tres bonne.

Maniere de parfumer la poudre de Cipre comme à Montpellier.

VOus prendrés deux livres de poudre de mouſſe de Cheſne toute pure, qui ait été purgée avec les fleurs, comme il eſt dit dans ſon article. Vous y conſommerés dix-huit grains de Civette avec un peu de ſucre, comme il eſt cy-devant enſeigné. Enſuite vous y conſommerés un demi gros de Muſc de la même maniére, ce qui êtant fait, vous la mettrés dans une boîte bien cloſe, elle ſera d'une odeur admirable, il n'en faudra que tres peu ſur un perruque ou ſur la tête pour ſentir parfaitement bon.

Poudre fine à la Mareſchalle propre à faire des paſtes pour des Chapelets.

VOus prendrés deux livres de mouſſe de cheſne, une livre de poudre d'amidon, une once de clou de Girofle en poudre, une once de Calamus en poudre, deux onces de Souchet en poudre, deux onces de bois vermoulu en poudre, mêlés bien le tout enſemble, & elle ſera faite.

Il faut que ce ſoit du bois de cheſne vermoulu, parce qu'il eſt rouge & qu'il donne une belle couleur à cette poudre.

TRAITÉ DES SAVONETTES.

Maniere de purger le Savon.

VOus prendrés une Table de Savon que vous ratisserés bien, ensuite la decouperés bien mince & vous mettrés le tout dans un grand chaudron sur le feu avec cinq ou six pintes d'eau, & vous ferés fondre vôtre Savon toûjours remüant avec un bâton jusqu'à ce qu'il soit bien fondu : Ensuite vous le verserés dans des vaisseaux & le laisserés plusieurs jours jusqu'à ce qu'il soit bien ferme : Puis vous vous le decouperés tout le plus mince que vous pourrés, & vous le laisserés seicher jusqu'à ce qu'il soit dur comme du bois. Ensuite vous le mettrés dans des vaiſſeaux ou baſſins & verſerés de l'eau de vie ſuffiſamment pour le détremper : Vous y jetterés auſſi quelque poignée de ſel, & tournerés bien le deſſus deſſous afin que le tout ſoit bien imbibé : Puis vous le mettrés derechef ſeicher à l'air, juſqu'à ce qu'il ſoit bien ſec, & pour lors quand vous en aurés beſoin vous le ferés ramolir ſelon les Savonettes que vous voudrés faire : Comme vous trouverés dans leurs articles.

Savonettes communes.

PRenés cinq livres de Savon que vous ratiſſerés & le mettrés dans le mortier pour le piler aſſez longstemps : Enſuite maniés bien vôtre Savon pour en retirer les petits morceaux qui n'auront pas été pilés ; remettrés vôtre Savon dans le mortier & y mettés auſſi deux livres de poudre d'amidon, une once d'eſſence d'Orange ou de Citron, & environ un demi ſeptier d'eau de Macanet preparée de la maniere que je vous le diray bientôt ; mêlés doucement le tout ensemble avec le pilon, & ensuite pilés le tout assez longs-temps pour bien mêler le tout ensemble, & sera fait. Il ne s'agira plus que de rouler vôtre pâte de la façon que vous voudrés pour en faire des Savonettes & les laisser seicher, si vôtre pâte se trouve trop mòle, il la faut laisser rafermir d'elle-même.

L'Eau de Macanet se fait ainsi. Vous pilerés quatre onces de Macanet dans le mortier, & le mettrés tremper dans une chopine d'eau du jour au lendemain, ensuite vous passerés cette eau par un linge & exprimerés bien le Macanet, puis vous ferés détremper dans la même eau deux onces de blanc de Ceruse que vous aurés mis auparavant en poudre, vous y ajoûterés encore une poignée de sel & vous en servirés comme j'ay dit.

Autre maniere.

LOrs que vous aurés pilé cinq livres de Savon comme cy-devant, & retiré les grumelots, vous remettrés vôtre Savon dans le mortier, & vous y ajoûterés deux livres de poudre d'amidon, environ un demi ſeptier d'eau de Macanet appreſté comme cy-devant, une cuillerée d'huile d'Aſpic, une demi once d'eſſence d'Orange ou de Citron,& deux cuillerées de Storax liquide appreſté comme cy-aprés: Vous mêlerés le tout doucement avec le pilon : enſuite vous pilerés à grands coups juſqu'à ce que le tout ſoit bien mêlé & incorporé, & ſera fait.

Le Storax liquide s'appreſte ainſi. Vous mettrés une once deStorax liquide dans une terrine avec un demi verre d'eau, & remuerés le Storax avec une cuillere à meſure qu'il fondra, & étant fondu vous vous en ſervirez comme il eſt dit.

Autre maniere.

FAite fondre cinq livres de Savon coupé bien mince, avec une pinte d'eau de Citron, & étant bien fondu paſſés le tout dans un linge qui ne ſoit point trop fin, enſuite ajoûtés y deux livres

livres de poudre d'amidon, une once d'eſſence d'Orange ou de Citron, deux onces de Ceruſe détrempée dans un verre d'eau, vous petrirés bien vôtre pâte avec les mains, juſqu'à ce que le tout ſoit bien mêlé, & lors que vôtre pâte ſera rafermie, vous roulerés vos Savonettes de la groſſeur que vous voudrés, & les mettrés ſeicher.

Pour faire l'eau de citron, vous couperés par morceaux environ une demi douzaine de Citrons, vieil ou non, il n'importe, que vous ferés boüillir dans une pinte d'eau, l'eſpace d'une demi heure : Enſuite vous les exprimerés dans un linge & vous vous ſervités de cette eau.

Savonettes de Neroly.

VOus prendrés huit livres de Savon ſec purgé comme il eſt enſeigné cy-devant, & le mettrés dans un baſſin : Vous y verſerés de l'eau de fleurs d'Orange ou de Roze juſqu'à la hauteur du Savon afin de le détremper. Vous aurés ſoin deux fois le jour de remuër le dessus dessous jusqu'à ce que le Savon aye consommé l'eau & soit ramoly : Et vous le laisserés ainsi jusqu'à ce que vous le voyez en état d'être pilé, puis vous le pilerés assez longs-temps & vous le manierés bien aprés l'avoir pilé, afin de retirer les grumelots qui y resteront; vous remettrés vôtre Savon dans le mortier, & y ajoûterés une livre de Labdanum en poudre bien fine, & deux onces d'essence de Neroly, vous mêlerés doucement le tout ensemble avec le pilon, ensuite vous pilerés assez longs-temps pour bien mêler & incorporer le tout, & sera fait. Si la pâte se trouvoit trop ferme vous y pouvés verser de l'eau de fleurs d'Orange à discretion, & la pâte en sera tres bonne, lors que la pâte sera rafermie, vous roulerés vos Savonettes & les mettrés seicher.

Savonettes de Bologne.

VOus prendrés trois paquets de Savonettes des communes de Bologne, que vous pilerés dans le mortier jusqu'à ce qu'elles soient mises en miettes, & les mettrés dans un bassin & y verserés de l'eau d'Ange jusqu'à la hauteur de la pâte & la laisserés tremper jusqu'à ce qu'elle soit amolie, ce qui pourra être dans deux ou trois jours, pendant lequel temps vous aurés soin deux fois le jour de remuër le dessus dessous, & lors qu'il n'y aura plus d'eau & que la pâte sera rafermie vous la pilerés assez longs-temps, puis vous la manierés bien pour en tirer les grumelots, & ensuite vous partagerés vôtre pâte en deux pains égaux, puis vous ferés ce qui suit.

Vous prendrés un demi septier d'eau d'Ange & autant d'eau de Roze, & vous mettrés dans le petit mortier deux gros de musc avec un peu de laditte eau d'Ange pour le dilayer, vous le pilerés bien en ajoûtant toûjours de cette eau, puis vous le passerés par un linge qui ne sera ny trop gros ny trop fin : Ensuite vous ramasserés avec une cuilliere le musc qui sera resté dans le linge, & le pilerés derechef, y ajoûtant toûjours de l'eau, & vous continuerés jusqu'à ce que le Musc ait été passé & consommé avec l'eau d'Ange & l'eau de Roze, & le linge sera lavé avec de la même eau afin qu'il ny reste point de musc, & le tout étant bien mêlé toute l'eau sera mise dans une bouteille de verre pour s'en servir comme vous verrés cy-apres.

Vous prendrés un des deux pains de pâte susdits que vous mettrés en morceaux dans le mortier ; vous mettrés dessus une bonne poignée de poudre de Labdanum passée bien fine, demi-once de beaume du Perou, un bon filet d'essence de Neroly, & environ un demi septier de la susditte eau, vous mêlerés bien doucement le tout ensemble avec le pilon : Ensuite vous pilerés le tout assez longs-temps pour bien mêler la pâte & sera faite. Et tout ainsi que vous aurés fait sur ce pain vous ferés sur l'autre, & vous les mettrés ensemble bien couverts environ deux jours, afin de leur donner le temps de bien prendre les odeurs ; & ensuite la pâte étant rafermie vous les roulerés comme vous voudrés & elles feront faites, & vous les mettrés feicher.

Savonettes de Bologne les meilleures.

IL faut prendre trois paquets de Savonettes communes de Bologne qu'il faut piler & mettre tremper avec de l'eau d'Ange juſqu'à la hauteur de la pâte tout ainſi qu'aux precedentes : & outre l'eau d'Ange ajoûtez-y un demi ſeptier de lait virginal, & vous remuërés cette pâte deux fois le jour le deſſus deſſous, afin que le tout ſe détrempe bien, & l'eau étant ébûë & la pâte rafermie, il la faudra piler & enſuite la manier pour en retirer les grumelots, & le tout étant bien reduit en pâte il en ſera fait deux pains égaux, puis vous ferez ce qui ſuit.

Vous pilerés demi once de Muſc dans le petit mortier avec de l'eau d'Ange, tout comme il eſt enſeigné dans les Savonettes précedentes : & enfin vous conſommerés vôtre Muſc le pilant & paſſant par un linge avec un demi ſeptier d'eau d'Ange & autant d'eau de Roze, puis vous vous en servirés comme il suit.

Vous prendrés un des deux pains de pâte que vous mettrés par morceaux dans le mortier, & vous mettrés par dessus ce pain deux onces de baume du Perou, un bon filet d'essence de Neroly, une bonne poignée de poudre composée; sçavoir un tiers de poudre fine à la Maréchalle, un tiers de poudre de racine de Campanne, & un tiers de Labdanum en poudre, & un demi septier de l'eau susditte composée avec le Musc : vous mêlerés bien tout ensemble & le pilerés assez longs-temps : & la pâte sera faite, l'odeur en est fort agreable. Vous roulerés vos Savonettes lors que vôtre pâte sera ferme, & tout ainsi que vous aurez fait sur ce pain de pâte vous ferés sur l'autre.

Savonettes bien Parfumées.

Vous prendrés trois paquets de Savonettes communes de Bologne, vous les casserés au mortier, & les mettrez tremper avec de l'eau d'Ange & du lait virginal, comme les précedentes de Bologne, & étant repilées & mises en pâte vous les partagerés en deux pains égaux, puis vous ferez une composition comme il suit.

Vous broyerez demi gros de Civette dans le petit mortier avec deux onces de baume du Perou que vous y mêlerez peu à peu : Vous y ajoûterez deux gros d'essence d'Ambre, un bon filet d'essence de Canelle, autant de celle de Gerofle, vous mêlerez bien le tout ensemble & le mettrez à part pour vous en servir comme vous verrez cy-apres.

Vous mettrés dans le mortier un de vos pains de pâte rompus par morceaux, vous mettrez dessus deux poignée de poudre composée ; sçavoir un tiers de poudre de Labdanum, un tiers de poudre fine à la Maréchalle, & un tiers de poudre de racine de Campanne, vous y mettrez aussi la moitié de la susditte composition, & un demi septier d'eau de mille fleurs, & une demi once d'essence de neroly, & vous mêlerez bien le tout ensemble, & lors que vous aurez pilé assez longs tems pour bien incorporer le tout, la pâte sera faite. Vous en pourrez faire autant sur l'autre partie de pâte.

Autre maniere.

VOus prendrés trois paquets de Savonettes comme cy-devant, que vous casserés au mortier & ferez détremper & remettrez en pâte comme les précedentes, & le tout étant partagé en deux pains égaux, vous en mettrez un dans le mortier rompu par morceaux, vous y ajoûterez une poignée de poudre de Labdanum, une poignée de mart d'eau d'Ange en poudre, une once de baume du Perou, une demi once d'essence de Neroly, & un demi septier d'eau de mille fleurs: vous mêlerez doucement le tout avec le pilon, & ensuite vous pilerez assez longs-tems & sera fait. Vous en pourrez faire autant sur l'autre partie de pâte.

On sçaura que les personnes qui n'auront pas la commodité d'avoir des

paquets

paquets de Savonettes de la pâte de Bologne se pourront servir de Savon purgé, comme je l'enseigne au commencement de ce Traité ; il sera fort bon pour faire toutes les Savonettes que l'on voudra faire, on en pourra prendre quatre livres ou un peu plus si on veut à la place de chaque paquet, & au deffaut des poudres qui sont comprises dans les compositions des Savonettes dont j'ay parlé cy-devant, se pourront servir de mart d'eau d'Ange passé bien fin par le Tamis, & elles ne seront pas moins bonnes, & sur tout que toutes les poudres que l'on y mettra soient bien fines.

§. I. *Lait Virginal tres bon.*

VOus mettrés dans une bouteille de gros verre une pinte d'esprit de vin, & une pinte d'eau de vie, une demi livre de Benjoin concassé, un carteron de Storax concassé, une demi once de clou de Geroffe bien pilé, une once de Canelle bien pilée, quatre Muscades concassées : le tout étant dans la bouteille, vous la boucherez bien & l'exposerez au Soleil, posée sur du sable dans la chaleur de l'Eté, l'espace d'un Mois, & sera fait. Vous aurez soin de la retirer de la pluye, & observerés que la bouteille soit assez grande afin qu'il y reste au moins quatre doigts de vuide, car autrement l'esprit de vin étant échaufé ne manqueroit pas de la faire casser.

S'il ne vous sembloit pas assez rouge au bout du temps marqué cy-dessus, quoy qu'il le doit être assez, il ne faudra alors que broyer dans le petit mortier gros comme une feve d'Orcanet, & le dilayer avec du même lait Virginal, vous le verserés dans la bouteille & la remettrés deux ou trois jours au Soleil & sera fait.

§. II. *Eponges preparées pour le Visage.*

VOus choisirés des Eponges toutes les plus belles & les plus fines, & vous couperés ce qui peut être autour qui n'y convient pas. Vous les mettrés ensuite tremper dans de l'eau pendant quelques heures, puis vous les laverés & frotterés bien en les changeant d'eau tant de fois que l'eau demeure claire. Puis vous les mettrés ſeicher, & étant ſeiches vous les mettrés tremper dans de l'eau d'Ange, ou bien dans de l'eau de fleurs d'Orange dans laquelle vous aurez verſé un filet d'Eſſence d'Ambre, & aprés y avoir trempé du jour au lendemain vous les retirerés de l'eau ſans les trop exprimer & les mettrés ſeicher, & ſeront faites.

TRAITE'

DES ESSENCES ET Huiles parfumées aux fleurs.

Maniere de faire les Essences de fleurs.

LEs fleurs quoy que differentes n'apportent pas plus de difficulté les unes que les autres à faire les Essences, car lors que l'on en fait bien d'une fleur on en fait bien de toutes les autres : Voicy une maniere generale pour toutes les fleurs qui ont de l'odeur.

Il faut avoir une caisse de telle grandeur que l'on voudra, le dedans de laquelle sera garny de fer blanc afin que le bois n'offense pas l'odeur des fleurs, & ne boive pas l'Essence qui pouroit égouter.

Il faut avoir des chaſſis c'eſt-à-dire des cadres de bois qui puiſſent entrer ſur leur plat aiſément dans la caiſſe : le bois en ſera de deux doigts d'épaiſſeur & tout au tour dudit chaſſis il y aura des pointes d'éguilles.

Il faut auſſi avoir autant de toiles que de chaſſis ; ces toiles ſeront à peu prés comme une ſerviete & un peu plus grandes que les chaſſis, afin de les pouvoir piquer tout autour deſdits chaſſis pour les tenir étenduës deſſus, ainſi il eſt aiſé par cette explication de proportionner les toilles aux chaſſis & les chaſſis à la caiſſe.

Ces toilles doivent être de toille de cotton, & quelles ayent été à une bonne leſſive ; & enſuite bien lavées dans de l'eau bien claire, & qu'elles ſoient bien ſeiches.

Vous tremperés vos toilles en huile de Ben, & leur laiſſerez boire toute l'huile qu'elles pourront boire : vous les exprimerez un peu afin que l'huile ne dégoute pas, enſuite vous les étendrez ſur vos chaſſis par le moyen des éguilles qui ſont au tour. Vous mettrez le premier chaſſis au fonds de la caiſſe & des fleurs de Jaſſemin ou de fleurs d'Orange ou enfin celle qu'il vous plaira, que vous ſemerez également dans le chaſſis ſur la toille, & remettrez un autre chaſſis ſur le premier ; & vous mettrez enſuite des fleurs dans ce ſecond, puis encore un autre chaſſis par deſſus, vous continuerez ainſi juſqu'à ce que vous ayez mis tous vos chaſſis, ou que vôtre caiſſe ſoit pleine.

Comme je vous marque que les chaſſis ſoient de l'épaiſſeur de deux doits, il s'enſuit que les fleurs qui ſe trouvent entre deux chaſſis, ne ſont point preſſées : & par ce moyen chaque toille a des fleurs deſſus & deſſous. Vous laiſſerez vos fleurs dans les chaſſis pendant douze heures. C'eſt à dire les ayant miſes le matin vous les retirerez le ſoir, & en remettrez de fraîches, & celle du ſoir vous les changerez le lendemain matin, vous continuerez ainſi pendant quelques jours, juſqu'à ce que l'odeur vous en paroiſſe aſſez forte.

Vous léverez alors vos toilles de deſſus les chaſſis, & vous les playerez en quatre, & puis les ayant roulées & liées de plusieurs tours avec une ficelle, afin qu'elles ne s'étendent pas trop, vous les mettrez dans la presse pour en tirer l'huile qui est l'essence en question.

Il faut que la presse de laquelle vous vous servirez soit garnie de fer blanc, afin que l'essence ne s'attache pas au bois. Vous mettrez des vaisseaux bien propres dessous la presse pour recevoir l'essence, que vous mettrez ensuite dans des phioles ou bouteilles de verre, & sera faite.

On remarquera qu'il ne se peut faire dans une caisse que l'essence d'une fleur à la fois : car l'odeur de l'une corromproit l'autre ; & les toilles qui auront servi à tirer l'odeur d'une fleurs, ne pourront servir pour un autre, qu'elles n'ayent été à la lessive, & qu'elles n'ayent été bien lavées en l'eau claire & qu'elles ne soient bien seiches.

Essence de Mille-fleurs.

L'Essence de Mille-fleurs est composée d'une partie d'essence de toutes les fleurs, que l'on mêle ensemble, mettant un peu plus de celle qui a l'odeur foible, & un peu moins de celle qui a l'odeur plus forte : & enfin faisant ensorte de les assortir si bien, que l'on ne puisse connoître celle qui domine, & sera faite.

Huile d'Olive parfumée aux fleurs.

L'Huile d'Olive dont on se sert doit être toute la meilleure & la plus fine que l'on puisse trouver, & c'est celle que l'on appelle huile Vierge, elle ne sent presque rien d'elle-même, ainsi elle prend assez bien l'odeur des fleurs. Il n'y a point d'autre façon pour luy donner l'odeur que de faire comme l'on a dit à l'Article des Essences.

Huile d'Amande douce parfumée, & pâte pour laver les mains.

VOus pélerez en l'eau chaude telle quantité que vous voudrés d'Amande douce, & vous les mettrez essuyer à l'air, étant seiches vous les pilerez grossierement, pour les pouvoir passer au crible. Vous les mettrés dans une caisse qui sera garnie de fer blanc ou de papier, vous ferez un lit de vôtre poudre d'Amande épais d'un doigt, & par dessus un lit de fleurs de celles que vous voudrez, puis un autre lit d'Amande & par dessus un lit de fleurs, & vous continuerez ainsi jusqu'à ce que vous ayez employez vos fleurs & vôtre poudre d'Amande. Vous y laisserez vos fleurs du matin au soir, ou si vous n'en avez pas en abondance, vous les y laisserez vingt quatre heures, & les retirerez avec le crible, & en remettrés de fraîches, vous ferés ainsi jusqu'à ce que vous sentiez que vos Amandes ayent bien pris l'odeur : Ensuite vous aurez des toiles fortes, grandes d'un quartier en quarré, qui ayent été à la lessive, & qu'elles soient bien seiches : Vous mettrés vos Amandes dedans & vous en ferés ainsi des paquets, vous en mettrés deux ensemble plis contre plis, dans la presse pour en tirer l'huile, qui ne manquera d'avoir l'odeur que vous luy aurez donné, & outre cela les pains d'Amande que vous aurez auront aussi l'odeur des fleurs. Cela eſt fort bon pour laver les mains, il faut ſeulement les piler au mortier & les paſſer dans un ſas, & s'en frotter les mains avec de l'eau tiede, on y peut mêler ſi l'on veut un peu de poudre d'Iris, c'eſt cette pâte qu'on appelle pâte de Provence, ou pâte de Jaſſemin ou de fleurs d'Orange.

Il faut obſerver que tant pour les Eſſences que pour les Huiles, les toilles ou la pâte doivent demeurer dans la preſſe du moins trois heures pour rendre leurs huiles.

Eſſence de Neroly.

L'Eſſence de Neroly ſe trouve ſur l'eau de fleurs d'Orange, parce qu'elle ſort du fruit qui eſt dans la fleurs, & il ne ſe tire de cette Eſſence que par petite quantité; ainſi il faut faire beaucoup d'eau pour en avoir une once. Voicy comment on la recüeille, lors que vôtre eau de fleurs d'Orange ſe diſtille, il la faut recevoir dans une bouteille ou matras, qui ait la penſe groſſe & le goulot fort longs & étroit, & lors que la bouteille eſt pleine d'eau, il la faut laiſſer repoſer & la boucher:

& comme l'eſſence eſt la plus legere, elle ne manque pas de monter au deſſus de l'eau ; & ainſi êtant à l'extrémité du goulot de la bouteille, il eſt aiſé de la verſer dans un autre : elle paroît verte dans le commencement, mais lors qu'elle a été un peu gardée, elle eſt rouge.

Comme il ne ſe peut en retirant l'eſſence que l'on y mêle de l'eau, il faut pour les ſeparer mettre l'eſſence avec l'eau qui ſi trouve mélée dans une moyenne phiole de verre, & boucher le goulot avec le pouce & la renverſer de haut en bas, & comme l'eſſence eſt legere elle remonte en haut, & pour lors vous lâchez un peu le pouce pour laiſſer ſortir l'eau doucement, & l'eau êtant ſortie vous ſerrez le pouce pour retenir l'eſſence qui reſte ſeule.

Eſſence de Cedra, ou Berga-motte.

L'Eſſence de Cedra ſe tire d'un Citron produit par une branche de Citronnier, qui eſt antée dans le tronc d'un Poirier de Berga-motte, ainſi le Citron qui en provient tient des deux qualitez, & pour en tirer l'essence on coupe de petits morceaux d'écorce de ces Citrons, que l'on presse avec les doigts dans une bouteille ou bombe de verre, où l'on peut seulement entrer la main pour presser le zest tout comme l'on fait de celuy d'Orange dans une tassée de vin, ainsi par la quantité l'on a de l'essence.

Essence d'Orange forte, ou de Petit-grain.

VOus mettrés une quantité telle que vous voudrés de petites Oranges point trop meure dans l'Alambic au refrigeratoire avec de l'eau, & vous recevrez la distillation dans un matras ou bouteille de verre à long goulot; & étant reposé, l'essence se trouvera dessus. Il la faudra retirer de dessus l'eau, & la serrer dans des phioles de verre & les bien boucher.

Au Traité de la distillation des eaux, vous trouverez la maniere de gouverner l'Alambic.

Essence de Citron.

L'Essence de Citron se fait de la même maniere que l'essence d'Orange forte : il faudra seulement couper les Citrons par la moitié, & les mettre dans l'Alambic au refrigeratoire avec de l'eau, & recevoir la distillation comme il est dit cy-devant : & retirer l'essence de même. Je ne prescrits pas la quantité de Citrons ny d'Oranges, il est aisé à juger qu'il faut qu'il y ait de l'eau suffisamment pour les faire bouillir, sans brûler, il faut aussi qu'il y ait du fruit suffisamment pour produire de l'essence.

§. I. *Cire blanche pour la Barbe.*

VOus mettrés quatre onces de Cire blanche, & deux onces de pommade de Jassemin ou autre odeur fondre ensemble dans une terrine sur un rechaut de feu, les remuant doucement : & étant fondus vous y verserez une cuillerée d'essence de Citron ou d'Orange forte ; & l'ayant mêlé vous emplirés vos moules, & tout aussi-tôt vous les mettrés tout debout dans un autre vaisseau, dans lequel il y aura de l'eau froide pour les faire prendre, & étant refroidis ils seront faits.

Les moules à Cire sont de fer blanc de la grandeur du bâton de Cire, & par un bout ils ont un couvercle ou emboiture comme un étuy; & lors que la Cire est refroidie, on tire le couvercle & l'on pousse le bâton du bout du doigt pour le faire sortir.

Cire noire.

DAns la même composition cy-dessus, il ne faudra qu'y mêler pour six deniers de noir de fumée, & elle sera noire.

Cire grise parfumée.

DAns la composition de la cire blanche, vous y mêlerés, deux cuillerés de poudre fine à la Maréchalle, & elle sera grize.

Autre maniere.

DAns la composition de la cire blanche, vous y mêlerés deux cuillerées de mart d'eau d'Ange en poudre bien fine, & au lieu d'essence d'Orange forte, ou de Citron, vous y mêlerés un bon filet d'essence d'Ambre ou de Neroly & vous emplirés vos Moules.

TRAITÉ DES POMMADES.

Pommade parfumée aux Fleurs.

VOus prendrés la quantité que vous voudrés de panne de Porc & vous la mettrés tremper dans l'eau tout en morceau comme elle est tirée du Porc, & la changerés d'eau de trois en trois heures pendant quatre jours, mais vous aurés soin pendant les deux derniers jours de la petrir dans l'eau avec une cuilliere à chaque fois que vous la voudrés changer d'eau, ensuite vous la retirerés de l'eau, & l'égouterés bien : & vous la mettrés fondre doucement sur le feu dans un pot de terre neuf vernissé, la remuant doucement afin qu'elle ne grile pas, & étant toute fonduë vous verserés vôtre Pommade dans un baſſin plein d'eau, remuant toûjours l'eau & la Pommade enſemble avec une Spatule, ſans diſcontinuer juſqu'à ce qu'elle ſoit tout-à-fait refroidie & congelée dans l'eau. Pour lors vous verſerés l'eau dehors & continuerés à battre & remuer vôtre Pommade qui peu à peu rendra toute l'eau qui y ſera mêlée, & enfin juſqu'à ce qu'il n'y en reſte plus: puis vous laiſſerés repoſer vôtre Pommade quelques heures & vous ferés ce qui ſuit.

Vous appareillerés des Plats d'étein ou autres deux à deux de pareille grandeur, enſuite vous étendrés vôtre Pommade dans chaque plât de l'épaiſſeur d'un doigt, & dans l'un vous y ſemerez les fleurs dont vous voudrez donner l'odeur, enſorte qu'il y en ait par tout également & le couvrirez de ſon pareil. Ainſi les fleurs ne ſeront point preſſées & donneront l'odeur à tous les deux.

Vous y laiſſerés les fleurs du matin au ſoir, ou ſi elles ne vous ſont pas communes, vous les y laiſſerez vingt quatre heures, & vous les retirerez & releverez

releverez vôtre Pommade & la mêlerez un peu, ensuite vous l'étendrez de nouveaux & remettrés de fleurs fraîches comme la premiere fois; vous continuerez ainsi pendant quelques jours le soir & le matin, jusqu'à ce que vous la trouviez assez forte d'odeur, & sera faite. Il la faudra serrer dans de pots de verre.

Il n'y a que la Pommade de Jassemin, fleurs d'Orange, & Tuberuse, qui se puisse faire bonne & qui se puisse garder, les autres fleurs sont trop foibles pour y donner une odeur qui dure longs-temps..

Pommade pour rafraîchir le tein & ôter les rougeurs du visage.

PRenés une demi livre de panne de Porc mâle, & la mettés tremper dans l'eau pendant plusieurs jours, la changeant souvent d'eau comme il est expliqué à l'Article cy-devant, & lors que par ce moyen vous aurez bien fait blanchir cette panne, vous la mettrez dans un pot de terre neuf vernissé avec deux pommes de renettes coupées par morceaux sans pêler, & une once de quatre ſemences froides pilées, vous mettrés le pot devant le feu, & ferés cuire la ditte Pommade l'eſpace d'un quart d'heure : enſuite vous la retirerés du feu & vous y mêlerés une once d'huile d'amande douce, puis vous la paſſerés par un linge bien ſerré, & laiſſerés tomber la coulature en eau claire ; vous remuerez la Pommade & l'eau avec une ſpatule de bois, juſqu'à ce qu'elle ſoit priſe & congelée dans l'eau ; puis vous verſerés l'eau & remuerez encore la Pommade, pour en faire ſortir toute l'eau qui y ſera reſtée, & ſera faite.

Autre Pommade pour le viſage tres-bonne.

VOus prendrés quatre onces de panne de Porc mâle, que vous ferés blanchir en la faiſant tremper pluſieurs jours, & la changeant ſouvent d'eau comme j'ay dit cy-devant : & étant bien blanche, vous verſerés l'eau & l'égouterés bien & la mettrés à part.

Vous mettrés enſuite pour un ſols de cire vierge, & pour deux ſols de nature de Balaine, & deux onces d'huile d'Amande douce fondre ensemble dans une terrine sur la cendre chaude sans les faire boüillir, & pendant qu'ils fondront vous les remuerez avec une spatule de bois pour les bien incorporer ensemble, puis vous ferés fondre doucement la panne de Porc mâle que vous aurez preparée, & vous la verserés dans la susditte composition, vous les mêlerés bien ensemble avec la spatule, puis vous verserez le tout dans un vaisseau plein d'eau : vous remuerez la Pommade & l'eau avec la spatule, jusqu'à ce que la Pommade soit prise & congelée : pour lors vous la changerés d'eau tant de fois en continuant à la battre avec la spatule qu'elle demeure bien blanche, & elle sera faite.

Autre Pommade tres-fine pour le visage.

VOus prendrés deux onces d'huile d'Amande douce tirée sans feu, demi once de cire vierge, pour quatre sols de nature de Balaine ; vous mettrez fondre le tout ensemble dans un plât de terre neuf vernissé, sur un rechaut dans lequel il y aura seulement de la cendre chaude, & vous remuerez doucement la cire avec une spatule de bois, pour bien mêler & incorporer le tout ensemble, vous ôterez ensuite vôtre composition de dessus le feu & vous y verserez peu à peu de l'eau bien claire, en battant vôtre composition avec la spatule, & vous continuerez ainsi jusqu'à ce que le plât soit plein & la Pommade prise & congelée dans l'eau, car il faut qu'elle nage à grande eau, & l'ayant ainsi battuë dans cette premiere eau assez longs-temps, vous la verserez & en remettrez de nouvelle en la battant toûjours jusqu'à ce qu'elle demeure bien blanche : pour lors elle nagera sur l'eau. Vous la retirerez avec la spatule & la battrez sans eau jusqu'à ce qu'elle soit blanche en perfection, & lors que l'eau sera sortie de la Pommade, vous y mêlerez gros comme une petite noix de borax passé bien fin, & pour quinze sols de semence de perle fine en poudre bien fine aussi, & le tout étant bien mêlé, elle sera faite.

Pommade pour les lévres.

VOus prendrez quatre onces de beurre frais tout du meilleur, & une once de cire vierge : vous les mettrez fondre ensemble & êtant fondus vous y jetterez les grains d'une grape de raisin noir : vous ferez boüillir le tout un quart d'heure, pendant ce temps vous écraserez les grains de raisin avec une cuillere, ensuite vous passerez vôtre Pommade par un linge assez fin, afin de retirer le raisin : vous remettrez vôtre Pommade sur le feu & vous y verserez deux cuillerées d'eau de fleurs d'Orange, & vous la ferez encore bouillir un bouillon, puis vous écraserez dans une écuelle gros comme une feve d'Orcanet, que vous délayerez avec un peu d'eau de fleurs d'Orange & le verserez dans vôtre Pommade, & la mêlerez bien avec la cueillere, & la retirerez du feu, & elle sera faite ; & lors qu'elle sera refroidie, vous la mettrez dans des pots ou boîtes.

Cette Pommade ce garde deux ans toûjours bonne, & est tres.souveraine

D 3

pour guérir les lévres fenduës & jarſées & elle eſt d'une tres belle couleur.

§. I. *Pâte d'Amande liquide pour laver les mains ſans eau.*

VOus prendrez une livre d'Amande amere que vous pélerez à l'eau chaude, & vous les laiſſerez ſeicher, puis vous les pilerez dans le mortier de marbre aſſez long-temps, afin qu'il n'y reſte point de grumelots; & vous y verſerez un peu du lait, afin de les lier en pâte, & les mettrez à part.

Vous pilerez enſuite de la mie de pain tout du plus blanc, la groſſeur d'un pain d'un ſols, avec un peu de lait aſſez longs-temps pour la bien reduire en pâte : vous mettrez enſuite dans le mortier la pâte d'Amande avec celle de pain, & y ajoûterez dix jaunes d'œufs, deſquels vous aurez ôtez les germes, & vous pilerez bien le tout enſemble y verſant peu à peu de lait en remuant toûjours & délayant la pâte : vous y mettrez ainſi trois chopines de lait, vous verſerez le tout dans un chaudron & le mettrez ſur le feu la faiſant bien boüillir. Vous ne ceſſerez de la remuer ou tourner avec une cueillere jusqu'à ce qu'elle soit cuite. Elle ne sera guere moins d'une heure à cuire & vous connoîtrez la cuisson en ce qu'elle s'épaissira.

§. II. *Opiate en poudre pour nettoyer les dents.*

VOus prendrez une demi livre de brique que vous pilerez au mortier & la passerez bien fine par le Tamis, & la mettrez à part, quatre onces de porcelaines que vous mettrez en poudre de la même maniere que la brique, une once de corail que vous pilerez & mettrez aussi en poudre : vous mêlerez vos trois poudres ensemble ; vous y verserez ensuite un filet d'essence de Canelle, autant de celle de Gerofle & mêlerez bien le tout ensemble, & sera fait.

Autre maniere.

PRenez une demi livre de brique, quatre onces de porcelaines, & demi once de canelle, & pilé le tout ensemble & le passé au Tamis bien fin, jusqu'à la consommation du tout ou à peu prés, & sera fait.

Autre maniere.

UNe demi livre de brique, quatre onces de porcelaines, une once de

Corail, deux gros de Canelle, un gros de clou de Gerofle, deux gros d'Alum calciné, demi once de croûte de pain brûlé, une once de Conserve de Rose: vous pilerez le tout ensemble, & le passerez au Tamis bien fin, & sera fait.

Opiat liquide.

POur faire l'Opiat liquide il se faut servir de Sirop de griottes, parce qu'il ne se desseiche pas : vous mettrez donc du Sirop de griottes la quantité que vous voudrez dans un pot de fayence, & vous mettrez dans ce Sirop à discretion de l'Opiat en poudre, de celuy que vous voudrez, & le mêlerez bien avec une spatule, & s'il vous semble trop liquide vous augmenterez la poudre, que s'il vous paroit trop épais vous y ajoûterez du Sirop, & étant bien mêlé, sera fait.

Lors que vous voudrez vous en servir vous en mettrez dans un petit pot de fayence, & vous y ajoûterez si vous voulez un petit filet d'essence d'Ambre, ou de Gerofle, ou de Canelle, & il sera d'une odeur & d'un goût fort agreable.

TRAITE'

TRAITE'

DES PARFUMS BONS pour la bouche.

Essence d'Ambre.

VOus mettrez dans une bouteille de gros verre une chopine d'esprit de vin tout du meilleur, vous pilerez ensuite dans le petit mortier un gros d'Ambre gris ou noir, & le mettrez dans l'esprit de vin : vous y mettrez aussi un demi gros de vessie de Musc coupé bien menu, ensuite bouchés bien la bouteille & la mettez au Soleil posée sur du sable dans les chaleurs de l'Eté, & pendant quinze jours vous remuerez bien la bouteille deux ou trois fois par jour, dans le temps que le Soleil donnera dessus, afin que l'Ambre ne s'attache pas au fonds, mais au contraire qu'il ſe fonde & qu'il repande ſon odeur dans l'eſprit de vin : vous aurez ſoin de retirer la bouteille de la pluïe & le ſable auſſi ſur lequel elle ſera poſée, car le ſable étant échaufé aide beaucoup à cuire les compoſitions que l'on expoſe au Soleil ; vous obſerverez auſſi de laiſſer au moins trois doigts de vüide à la bouteille, pour éviter qu'elle ne caſſe par la force de l'eſprit de vin, & au bout d'un mois vous la retirerez, & ſera faite. On choiſit ordinairement le temps de la canicule pour faire cette Eſſence.

Si vous en voulés moins faire, vous pouvés diminuer ce qui la compoſe par moitié ; ou par quart, ou huitiéme partie, & pour l'augmentation de même.

Eſſence d'Hypocras.

VOus mettrez une demi chopine d'eſprit de vin dans une bouteille de gros verre, enſuite vous y mettrez une demi once de clou de Girofle concaſſé, une once de Canelle concaſſée, un gros de Gingembre concaſſé, &

une bonne pincée de Coriante concassée aussi, ensuite pilé dans le petit mortier trois ou quatre grains d'Ambre gris ou noir, & les mettrez dans la bouteille ; bouché la bien & l'exposé au Soleil posée sur du sable dans les chaleurs de l'Eté pendant un mois, vous aurez soin de la retirer de la pluïe, & vous laisserez au moins deux doigts de vuide à la bouteille pour éviter qu'elle ne casse, & au bout du temps vous la retirerez pour vous en servir au besoin.

Cachou Ambré pour la bouche.

VOus pilerez quatre onces de Cachou & dix grains de Musc ensemble dans le petit mortier & les passerez au Tamis de crain, repilant ce qui ne sera pas passé & le repassant jusqu'à la consommation du tout : vous ferez ensuite chaufer le cul du petit mortier & le bout de son pilon, & délayerez par la chaleur dudit mortier dix-huit grains d'Ambre gris, y ajoûtant un filet d'essence d'Ambre & gros comme une grosse noix de gomme Adragant, qui aura été détrempée avec de l'eau de fleurs d'Orange, & délayant ainsi le tout ensemble, vous y mettrez peu à peu vôtre poudre de Cachou, vous la mêlerez assez longs-temps & la pilerez bien, afin que l'Ambre soit mêlé par tout : & la pâte êtant bien faite vous le formerez promptement.

Pour le former vous en prendrez un morceau gros comme une noix dans la main, & le ferez pointu par le bout & vous en prendrez une petite miette à la fois, que vous tordrés avec deux doigts, & enfin vous le rendrez comme de petites crottes de souris, & pour empêcher qu'il ne s'attache à vos doigts en le formant, vous les froterés un peu avec de l'essence de fleurs d'Orange.

Pastilles de bouche parfumée.

VOus prendrés une livre de sucre Royal que vous pilerés dans le petit mortier avec douze grains de Musc, & ensuite vous le passerés au Tamis de crain, & vous repilerés ce qui sera resté, & vous le repasserés jusqu'à ce que le tout soit passé & consommé; puis vous ferés détremper dans de l'eau de fleurs d'Orange une petite poignée de gomme Adragant du jour au lendemain, & la passerés de force au travers d'un linge qui ne sera ny trop gros ny trop fin. Vous mettrés ensuite vôtre gomme dans vôtre sucre en poudre y ajoûtant deux gros d'essence d'Ambre, & manierés bien le tout ensemble pour former la pâte. Vous l'aplatirés avec un rouleau & taillerés vos Pastilles à vôtre gré, & à mesures qu'elles seront taillées vous les mettrés seicher sur du papier à l'air. Si c'est l'Eté vous les couvrirés d'un autre papier de peur des Mouches, & ne les serrés pas qu'elles ne soient bien seiches.

Les moûles dont l'on se sert pour tailler les Pastilles sont de fer blanc; ils sont faits comme si c'étoit un cornet ou étuy à mettre le doigt; de sorte qu'appuyant par un bout sur la pâte qui est mince, en tournant le moûle la Pastille demeure dedans & en soufflant par l'autre bout elle sort du moûle.

Hypocras excellent & parfumé.

PRenez une demi livre de ſucre & le caſſés ou le raſpés & le mettés dans un baſſin, enſuite verſés ſur ledit ſucre une pinte de vin ; le plus vieil & le plus foncé en couleur eſt le meilleur, remués doucement vôtre ſucre avec une cueillere pour le faire fondre, & ètant fondu paſſé vôtre vin par la chauſſe cinq ou ſix fois, ètant clarifié verſez-y un petit filet d'eſſence d'Hypocras & le remués avec la cueillere. Goûté s'il eſt aſſez fort, & s'il ne l'eſt pas, verſez-y encore quelque larmes de vôtre eſſence, & ſera fait. Vous le verſerés promptement dans une bouteille qui ſera bouchée à l'inſtant, afin qu'il ne s'évante pas. La maniere en eſt prompte, & il eſt meilleur que l'on ne le peut faire par infuſion.

Roſſoly ou liqueur parfumée.

VOus mettrés dans une baſſine de cuivre rouge ſur le feu deux pintes d'eau, & deux livres de ſucre que vous ferés bouillir juſqu'à la diminution d'un quart. Enſuite vous y verſerés deux cueillerées d'eau de fleurs d'Orange, & ayant encore bouilli un moment vous y jetterés un blanc d'œuf avec la coquille, que vous aurés auparavant rompuë & foüettée avec un brin de verge : vous remuerés bien le blanc d'œuf dans vôtre liqueur avec le brin de verge, & lors qu'elle commencera à bouillir vous la tirerés du feu & la passerés par la chause plusieurs fois : & étant clarifié vous y verserés de bonne eau de vie à discretion selon la force que vous luy voudrés donner. Puis vous y verserés de l'essence d'Ambre selon vôtre goût, plus ou moins, ou bien de l'essence d'Hypocras, & sera faite.

Autre liqueur parfumée.

FAites fondre une livre de sucre dans une pinte de vin vieil comme si vous vouliez faire de l'Hypocras, & le passés par la chause plusieurs fois. Ensuite versez y de bonne eau de vie à discretion selon la force que vous luy voudrez donner. Puis y versez de l'essence d'Hypocras ou de l'essence d'Ambre à discretion selon vôtre goût, & sera fait.

TRAITE'

DES EAUX DE SENTEURS.

Eau d'Ange boüillie.

DAns un coquemart de terre où vous aurez mis trois pintes d'eau, vous y mettrez une livre de Benjoin concassé, une demi livre de Storax concassé, une once de Canelle pilée, demi once de clou de Gerofle pilé, deux Citrons coupés en quatre, deux ou trois morceaux de Calamus. Ensuite vous mettrez le coquemart auprés du feu, & le couvrirés & le ferés bouillir jusqu'à la diminution d'un quart : puis vous verserés l'eau dans un bassin & la laisserés refroidir avant de la serrer dans des bouteilles.

Si vous avez besoin de plus grande

quantité de cette eau, remplissés le coquemart comme la premiere fois, & la faites encore boüillir de même, cette seconde eau sera presque aussi bonne que la premiere & vous les pourrés mêler ensemble.

Ensuite vous retirerés le Mart qui sera au fonds du coquemart avant que d'être refroidy & le mettrés seicher, vous en ferés ensuite des Pastilles comme vous verrés dans les articles suivans ou vous vous en servirés dans les compositions où il en est necessaire, ainsi que je l'ay dit dans le traité des Savonettes.

Autre maniere.

VOus mettrés dans le Coquemart trois chopines d'eau de fleur d'Orange & trois chopines d'eau de Rozes : vous y mettrés ensuite les mêmes drogues & la même quantité qu'à l'eau d'Ange précedente, à la reserve du Citron qu'il ne faut pas : vous y ajouterés de plus une vessie de Musc, vous la ferés cuire de la même maniere, & aprés avoir tiré l'eau vous tirerés le mart, & le mettrés seicher pour en faire des Pastilles à brûler.

Eau de mille Fleurs.

VOus mettrés dans une bouteille de verre une pinte de bonne eau d'Ange : vous pilerés ensuite douze grains de Musc dans le petit mortier & le delayerés avec un peu de cette eau d'Ange, & verserés le tout dans la bouteille que vous boucherés bien & que vous reserverés pour le besoin.

Vous pourrez au lieu de Musc y mettre un gros de vessie de Musc coupée par petits morceaux & sera bonne.

Eau d'Ange distilée au bain marie.

IL faut avoir un Alambic de verre, qui est de trois pieces ; sçavoir la bombe, le chapiteau, & le matras ; il faut aussi un fourneau pour y faire du feu de charbon & un chaudron ou autre vaisseau semblable assez profond pour mettre l'eau & l'Alambic : vous colerez du papier double au tour de la bombe, à l'endroit ou pose le chapiteau, & vous poserez le matras au bout de la canulle pour recevoir la distillation.

Vous mettrez dans la bombe une pinte d'eau, vous y mettrez ensuite quatre onces de Benjoin concassé, deux onces de Storax concassé, demi once de Canelle pilée, deux gros de clou de Gerofle pilé, un morceau de Calamus, un gros de vessie de Musc, & l'eau qui se distillera sera tres odoriferante & bien claire; & le mart qui restera aprés la distillation faite sera mis à l'air pour seicher, & on le pourra employer parmi les Pastilles à brûler.

Eau d'œillet.

Vous mettrez dans l'Alambic de verre au bain marie comme dessus une pinte d'eau & deux onces de clou de Gerofle concassé; & l'eau qui se distillera sera d'une odeur bien agreable, parce que la force du clou de Gerofle étant adoucie au moyen de l'eau, tire plus sur l'œillet que sur le Gerofle.

Eau de Canelle.

VOus mettrez dans l'Alambic de verre comme deſſus une pinte d'eau & deux onces de Canelle concaſſée, & l'eau qui ſe diſtillera en aura l'odeur bien naturelle.

Eau de Tain.

VOus mettrez comme deſſus une pinte d'eau dans l'Alambic de verre avec deux poignées de Tain, & l'eau qui ſe diſtillera en aura l'odeur.

Toutes les herbes Aromatiques ſe peuvent diſtiller de la même maniere. Comme ce ſont des herbes fortes qui gardent leurs odeurs auſſi bien étant ſeiches que vertes, il eſt aiſé par la maniere cy-deſſus écrite d'en tirer de l'eau.

Eau de fleurs d'Orange diſtilée au refrigeratoire.

VOus mettrez infuſer deux livres de fleurs d'Oranges dans deux pintes d'eau l'eſpace de trois heures;

enſuite vous mettrez le tout dans l'Alambic & ferez grand feu deſſous, & vous mettrez un matras ou bouteille à longs goulot pour recevoir l'eau qui ſe diſtillera de la canulle, vous aurez ſoin de fournir d'eau fraîche dans le refrigeratoire, & auſſi-tôt qu'elle ſera chaude de la renouveller, car c'eſt la fraîcheur d'enhaut qui attire la diſtillation, & qui empêche que l'eau ne ſente le feu & pour empêcher qu'elle ne ſente le fruit, il faut que vos fleurs ſoient fraîchement ceueillies & ſoient bien ſeiches, & lors que vôtre eau ſera tirée vous vous en apercevrez à ce que la diſtillation finira, & qu'elle commencera à ſentir le brûlé, & pour en tirer l'eſſence voyez les Articles des Eſſences fortes.

Si vous voulez que vôtre eau ſoit plus forte d'odeur, il ne s'agit que de mettre ſi peu d'eau que vous voudrez, car moins vous en mettrez & plus elle ſera forte, mais il faudra pour éviter que les fleurs ne s'attachent au fonds, mettre du ſable au fonds de l'Alambic & faire moins de feu.

Autre maniere.

VOus mettrez infuſer deux livres de fleurs d'Orange ſeiches dans deux pintes d'eau pendant trois ou quatre heures : enſuite vous mettrez le tout dans l'Alambic & le ferez diſtiller comme il eſt expliqué au precedent Article, l'eau qui en provient eſt propre à bien des choſes, car elle eſt bonne pour employer dans les Savonettes, dans l'eau d'Ange, à purger le Tabac, & toutes ſortes de Peaux & Gands.

Eau de Roze.

VOus ferez infuſer trois livres de Rozes dans deux pintes d'eau pendant deux ou trois heures, enſuite vous les mettrez diſtiller dans l'Alambic tout comme les fleurs d'Oranges fraîches, & vous y obſerverez toutes les mêmes circonſtances : car l'une ſe fait comme l'autre, & on peut diminuer l'eau ſi on veut la faire plus forte: mais comme l'eau de Rozes s'employe dans la purgation du Tabac par quantité, auſſi bien que l'eau de fleurs d'Orange, il eſt neceſſaire d'en tirer ſuffiſamment quand c'eſt pour cet uſage : Lors que ce ſera pour l'employer autrement, vous la ferés ſi forte que vous voudrés ainſi que je l'ay dit cy-devant.

Eau de la Reine d'Hongrie.

VOus mettrés dans une bouteille de verre fort, deux pintes d'eſprit de vin, deux bonnes poignées de feuilles de Romarin, une poignée de Tain, une demi poignée de Marjolaine de laquelle vous ne prendrés que la feuille, & autant de Sauge que de Marjolaine, bouchés bien la bouteille, & la mettés au Soleil l'eſpace d'un mois. Enſuite vous delayerés gros comme une féve d'Orcanet avec un peu d'eſprit de vin en l'écraſant & le verſerés dans vôtre bouteille & la remettrés cinq ou ſix jours au Soleil, & ſera faite. Elle ſera d'un beau rouge & aura beaucoup de vertu & ſera d'une bonne odeur.

§. I. *Maniere de faire les Pastilles à bruler.*

Pastilles communes.

VOus mettrés dans le mortier une livre de Benjoin commun, demi once de clou de Gerofle, deux gros de Canelle, un morceau de Calamus, vous pilerés le tout ensemble & le passerés au Tamis de crin: ensuite vous ferés détremper de la gomme Adragant avec de l'eau commune : & vous mettrés dans le mortier la poudre que vous aurez passé avec une écuellée de cette gomme & vous les mêlerez & pilerez ensemble pour former la pâte. Si vous trouvés que vôtre pâte soit trop molle, vous y remettrez de la poudre ; ainsi la pâte est aisée à faire. Il ne s'agit aprés que d'applatir vôtre pâte avec un rouleau, & de tailler vos Pastilles avec le moûle, ainsi que j'ay dit dans l'Article des Pastilles de bouche & les mettrez seicher, & seront faites.

Pastilles

Pastilles de Rozes & Oiselets.

VOus pilerez & passerez au Tamis de crin une livre de mart d'eau d'Ange, de celuy qui sera sorti de l'eau d'Ange du premier Article des Eaux ; & du quel vous ôterez les Citrons, & êtant reduit en poudre vous le mettrez dans le mortier, y ajoûtant une poignée de feüilles de Rozes fraîches ceucillie, & une écuellée de gomme Adragant détrempée avec de l'eau de Rozes, vous pilerez le tout ensemble assez longs-temps pour bien former la pâte, vous l'applatirez avec un rouleau & la couperez avec un couteau par tablettes comme vous voudrez.

Pour en faire des Oiselets vous en prendrez des morceaux que vous roulerez dans les mains comme un bout de bougie, longs comme le doigt, auquel vous ferez un bout un peu large pour le faire tenir debout : & les mettrez seicher. Ces sortes de Pastilles s'allument comme une Chandelle & brûlent jusqu'à la fin sans s'éteindre

& produiſent une fumée d'une trés bonne odeur.

Paſtilles d'Eſpagne.

VOus pilerez & mettrez en poudre, paſſée au Tamis de crin le mart de l'eau d'Ange, du ſecond Article de l'eau d'Ange, & vous ferez détremper de la gomme Adragant avec de l'eau de fleurs d'Orange, & vous en ferez une pâte dans le mortier avec vôtre poudre, vous taillerez enſuite vos Paſtilles avec les moûles & les mettrez ſeicher, & ſeront faites.

Autre maniere.

VOus mettrez dans le mortier une livre de Benjoin, demi livre de Storax bien ſec, demi once de Canelle, deux gros de Gerofle, deux onces de Rozes de provin, & un morceau de Calamus, vous pilerez le tout enſemble & le paſſerez au Tamis de crin, juſqu'à ce que le tout ſoit conſommé, vous ferez enſuite détremper de la gomme Adragant avec de l'eau de Mille-fleurs & de l'eau de fleurs d'Orange, autant de l'une que de l'autre, puis vous ferez vôtre pâte dans le mortier avec vôtre poudre & vôtre gomme comme à l'ordinaire, puis vous les taillerez à vôtre gré & les mettrez seicher, & seront faites..

Pastilles de Portugal.

VOus pilerez & passerez au Tamis de crin une livre du meilleur mart d'eau d'Ange que vous ayez ; ensuite faites détremper de la gomme Adragant avec de l'eau de fleurs d'Orange: & faites vôtre pâte dans le mortier avec vôtre poudre & vôtre gomme comme à l'ordinaire, à l'exception qu'il faut faire vôtre pâte un peu plus ferme..

Vous ferez ensuite chaufer le cul du petit mortier & le bout de son pilon, & faires fondre par sa chaleur vingt grains d'Ambre, il n'importe du quel & y ajoûterez un filet d'eau de Millefleurs pour le dilayer, vous augmenterez cette eau jusqu'à la quantité d'un demi verre, ensuite vous mettrez vôtre mortier sur un rechaut de feu, & vôtre composition étant chaude vous la verserez sur vôtre pâte & la mêlerez bien, & sera faite ; vous taillerez vos Pastilles avec les moûles comme à l'ordinaire & les mettrez seicher.

Maniere de détremper la gomme pour faire les pâtes des Pastilles.

VOus mettrez détremper vôtre gomme en telle eau que vous voudrez, mais il faut que l'eau ne la surpasse que de la hauteur d'un travers de doigt, parce qu'il ne la faut pas noyer tout d'un coup, & lors qu'elle aura beu l'eau vous en ajoûterez encore, & ainsi peu à peu jusqu'à ce qu'elle soit détrempée, non pas trop liquide, mais seulement bien molette & bien détrempée, & vous vous en servirez.

§. II. *Maniere de faire les Pâtes parfumées pour Chapelets & Medailles.*

PRenez de la poudre fine à la Maréchalle & en faites une Pâte avec de la gomme Adragant & Arabic détrempée avec de l'eau de Mille-fleurs, & si vôtre pâte se trouvoit trop molle, vous y ajoûterez de la poudre, & si elle se trouvoit trop ferme, ou qu'elle ne se peut lier vous y mettrez de la gomme, il ny va que du plus ou du moins de l'un ou de l'autre ; il faut un peu frotter les moûles avec de l'essence de fleurs, afin que la pâte ne s'y attache pas : cette pâte est couleur de caffé.

Autre maniere.

VOus prendrez du Parfum à parfumer les autres poudres, & vous en ferez une pâte avec de la gomme qui aura été détrempée avec de l'eau de fleurs d'Orange, dans laquelle vous aurez mis un filet d'essence d'Ambre ; cette pâte sera blanche, & en y ajoûtant du vermillon vous la ferez si rouge que vous voudrez, & pour la faire jaune ou blonde, il y faut ajoûter de l'Ocre jaune passé bien fin.

Autre maniere.

PRenés moitié poudre de Cipre parfumée & moitié poudre de Franchipanne, & en faites une pâte avec de la gomme détrempée avec de l'eau de Mille-fleurs : cette pâte est grize & d'une agreable odeur.

Autre maniere.

PRenez de la poudre fine à la Maréchalle, & la moitié d'autant de mart d'eau d'Ange passé bien fin & en faite une pâte avec de la gomme détrempée en l'eau de Mille-fleurs : cette pâte sera bonne.

Autre maniere.

PRenez de la poudre de Cipre parfumée, de la poudre de Franchipanne, & du Parfum à parfamer les autres poudres, autant de l'une que de l'autre : & en faite une pâte avec de la gomme détrempée avec de l'eau de fleurs d'Orange, dans laquelle vous aurez versé un filet d'essence d'Ambre. Cette pâte sera d'un gris cendré fort beau, & d'une odeur douce & agreable.

Il sera aisé de rendre toute ces sortes de pâtes, d'aussi bonnes & aussi fortes odeurs que l'on voudra, en augmentant l'Ambre, le Musc, & la Civette, soit dans les poudres, ou dans les eaux avec lesquelles on détrempe la gomme.

Maniere d'apprester la gomme pour les pâtes cy-dessus.

IL faut détremper la gomme Adragant, de la même maniere qu'il est expliqué à l'Article qui precede les pâtes cy-dessus, & ajoûter sur une écuellée de cette gomme, un demi verre d'eau de gomme Arabic assez épaisse, & les mêler ensemble, & vous en servir pour faire vos pâtes.

TRAITÉ

DES GROSSES POUDRES à la Maréchalle & de toutes les manieres de s'en servir.

Grosse Poudre à la Maréchalle.

VOus prendrez une livre d'Iris, douze onces de fleurs d'Orange seiches, quatre onces de Coriante, demi livre de Roze de provin, deux onces de mart d'eau d'Ange, une once de Calamus, deux onces de Souchet, demi once de clou de Gerofle, vous concasserez bien toutes ses drogues dans le mortier l'une aprés l'autre, & ensuite vous les mêlerez si bien ensemble qu'il n'y ait pas plus d'une drogue à un endroit qu'à l'autre, & sera faite.

Autre maniere.

VOus prendrez douze onces d'Iris, demi livre de fleurs d'Orange seiche, quatre onces de Rozes de provin, quatre onces de bois de Rozes, une once de Benjoin, une demi once de Storax, demi once d'écorce de Citron seiche, demi once d'écorce d'Orange seiche, demi once de Marjolaine seiche, une once de Souchet, demi once de Calamus, deux gros de Canelle, demi once de clou de Gerofle, deux onces de bois de Sendal Citrain. Vous concasserez toutes ses drogues l'une aprés l'autre dans le mortier, puis vous les mêlerez bien ensemble, & sera faite.

Autre maniere.

VOus prendrez une livre d'Iris, demi livre de fleurs d'Orange seiche, quatre onces de Rozes de provin, deux onces de bois de Sendal Citrain, une once d'écorce de Citron seiche, demi once d'écorce d'Orange seiche, demi once de Marjolaine, demi once de Lavande seiche, une once de Calamus, deux onces de Souchet, une once de Benjoin, demi once de Storax, demi once de Labdanum. Vous concaſſerez toutes ſes drogues dans le mortier l'une aprés l'autre, & enſuite vous les mêlerez bien enſemble, & ſera faite. On peut ajoûter ſi l'on veut dans toutes ſes poudres des bois de ſenteurs.

Pot pourri pour faire des Sachets.

VOus prendrez douze onces de Rozes communes éfeüillées, une livre & demi de Lavande de laquelle vous ne prendrez que la graine, douze onces de Marjolaine de laquelle vous ne prendrez que les feüilles, ſix onces de Tain du quel vous prendrez auſſi les feüilles, quatre onces de feüilles de Mirthe, quatre onces de Melilot du quel vous prendrez auſſi les feüilles, une once de feüilles de Romarin, une once de feüille de Laurier, deux onces de clou de Girofle à moitié pilé, une livre de feüille de Rozes muſcades, le plus de fleurs d'Orange que vous pourrez, des feüilles d'œillets de même quantité que de fleurs d'Orange, vous mettrez le tout dans un pot faisant une couche de fleurs & une couche de sel, vous ferez ainsi, jusqu'à ce que le pot soit rempli de tout ce qui est cy-dessus nommé ; vous le boucherez bien & le remuerez avec un bâton de deux jours l'un, le mettant pendant la chaleur de l'Eté au Soleil ; il faut avoir soin de le retirer de la pluye & du serain, & au bout d'un an on en fait des Sachets, y ajoûtant à discretion de la poudre de Cipre parfumée.

Boutons de Rozes.

VOus prendrez telle quantité de boutons de Rozes que vous voudrez, les plus fermez, vous arrachecherez les boutons vers, & vous mettrez à la place de chacun un clou de Gerofle, & les mettrez seicher au Soleil entre deux papiers, ils seront propres à mettre dans les Sachets & dans les poudres dont ils sont composez.

Vous pouvés aussi les exposer au Soleil dans un vaisseau de terre couvert de papier & les arrouser les premiers jours de bonne eau d'Ange, & étant secs vous vous en servirez comme dessus.

Fleurs d'Oranges seiche.

VOus mettrez la quantité que vous voudrez de fleurs d'Orange seicher au Soleil entre deux papiers bien clos tout au tour, & étant seiches les garder pour vous en servir au besoin.

Sachets de senteurs.

VOus prendrés telle étoffe de Soye qu'il vous plaira Taffetas ou autre, & vous ferez vos Sachets de la largeur de demi tiers en quarré, & vous les coudrez tout au tour à la reserve d'environ quatre doigts par ou vous ferez entrer douze onces ou environ de grosse poudre à la Maréchalle, telle que vous la voudrez choisir, & vous acheverez de coudre vos Sachets, & seront fait.

Lors qu'au bout d'un temps l'odeur de vos Sachets sera diminuée, tirez-en a poudre & faite la piler dans le mortier & la remettés dans vos Sachets, & elle aura l'odeur comme la premiere fois.

Autre maniere.

VOus taillerez vôtre étoffe comme cy-dessus, & sur la moitié de laditte étoffe vous semerez de la grosse poudre à la Maréchalle, puis vous y mettrez dessus un lit de cotton parfumé épais d'un pouce, & vous jetterez sur le cotton de la même poudre, vous renverserez ensuitte l'autre moitié d'étoffe par dessus le tout, & le coudrez tout au tour sans le remuër, puis vous le piquerés en matelats, & sera fait. Vous pourrés orner les quatre coins avec des houpes ou des faveurs.

Sachets pour porter sur soy.

VOus prendrés de l'étoffe de Soye un peu jolie, & vous ferés vos Sachets de la grandeur de quatre doigts, un peu plus longs que larges, vous frotterés ensuite l'envers de l'étoffe avec un peu de Civette assez légerement, puis vous les remplirez de grosse poudre à la Maréchalle, celle que vous voudrez choisir, à laquelle vous ajoûterez un peu de clou de Gerofle & un peu de bois de Sendal Citrain bien pilés, parce que cela reveille bien l'odeur & la change. Vos Sachets étant remplis vous acheverés de les coudre & les ornerés tout au tour de faveurs par bouillons d'une couleur convenable à l'étoffe, & seront faits.

Autre maniere.

VOus ferés vos Sachets de la grandeur de quatre doigts, & de si belle étoffe que vous voudrez, & auparavant que de les remplir vous ferez la composition suivante.

Vous broyerez dans le petit mortier huit grains de Musc, y ajoûtant un petit filet d'eau de Mille-fleurs : vous y ajoûterez ensuite quatre grains de Civette, que vous broyerez avec le Musc, vous y verserez aussi un filet de baume du Perou, & une cueillerée d'eau de Mille-fleurs, & ayant bien mêlé le tout ensemble avec le pilon vous en frotterez légerement l'envers de vos Sachets, puis vous les emplirez de la composition du pot pourri & de poudre de Cipre parfumée mèlés ensemble , & acheverez de clore vos Sachets , vous les ornerez tout au tour de faveur comme les precedents.

Autre maniere.

VOus prendrez toute la plus belle étoffe que vous aurez , & vous ferez vos Sachets un peu plus grands que les precedents , & lors qu'ils seront prêts à emplir vous ferez la composition suivante.

Vous ferez chaufer le cul du petit mortier & vous ferez fondre par sa chaleur huit grains d'Ambre : étant fondus vous y mèlerez quatre grains de Civette en broyant avec le pilon : puis vous y verserez peu à peu deux cueillerées d'eau de Mille-fleurs dans laquelle vous aurez auparavant fait détremper gros comme un pois de gomme Arabic ; vous frotterez légerement l'envers de vos Sachets de cette composition , puis vous les emplirez de poudre de Cipre & de Franchipanne parfumée, autant de l'une que de l'autre, dans lesquelles vous aurez mis plusieurs petits morceaux de vessie de Musc, & finirez vos Sachets, vous les ornerez de faveurs comme les precedents, & seront fait.

Manne d'Ozier parfumée pour mettre les habits des Dames.

VOus prendrez une manne d'Ozier fin de la grandeur que vous voudrez, vous prendrez ensuite du Taffetas ce que vous jugerez qu'il en faut pour la garnir, vous étendrez vôtre Taffetas sur un Métier à broder, & vous mettrez sur le Taffetas un lit de Cotton parfumé épais de deux écus: puis vous jetterez sur ce Cotton de la grosse poudre à la Maréchalle bien également, ajoûtant par dessus cette poudre un peu de bois de Sendal Citrain bien pilé, puis vous couvrirez le tout d'un autre Taffetas & vous le piquerez ensuite par petits carreaux; ce qui étant fait, vous taillerez vôtre étoffe de la grandeur du fonds de vôtre manne & des côtez aussi bien que du couvercle, & vous borderez toutes les coupures avec un galon de Soye de la couleur de l'Etoffe. Toutes les parties étant jointes ensemble vous les mettrez dans la manne & les y coudrez à plusieurs endroits, & sera faite.

Poches parfumées pour les Dames.

LA même Etoffe composition & piqures cy-dessus sert pour faire les Poches parfumées. Il ne s'agit que de tailler l'étoffe en forme de poche, border les coupures avec du galon, & elles seront faites.

Boîtes à Perruque parfumées.

VOus ferez faire la boîte à Perruque d'un bois de l'épaisseur d'un écus, longue d'une demi aulne ou environ, ronde par les bouts & étoitte à proportion d'une Perruque. Ensuite pour faire la garniture vous étendrez sur un Métier à Broder un morceau de Taffetas & sur ce Taffetas un lit de Cotton parfumé, d'une bonne odeur, bien mince & bien égal, & sur ce

Cotton vous ſemerez de la meilleure poudre à ſa Maréchalle que vous ayez & dont les morceaux ne ſeront pas trop gros, & par deſſus cette poudre vous y ſemerez un peu de bois de Sendal Cittain pilé bien menu, vous couvrirez enſuite le tout avec un morceau de Tabit du plus beau, qui aura été frotté par l'envers avec la compoſition ſuivante : vous piquerez vôtre étoffe par carreaux & taillée enſuite à proportion du fonds, du tour, & du dedans du couvercle de la boîte, & par aprés vous borderez les coupures avec du galon de Soye de la couleur du Tabit & en ferez garnir le dedans de vôtre boîte, tout le dehors de la boîte doit-être couvert de peau de ſenteur, & toutes les coupures & bordures de la peau doivent être couverts d'un galon d'or ou d'argent, & la ſerrure & la clef dorée.

Compoſition pour frotter l'envers du Tabit.

VOus ferez chaufer le cul du petit mortier & ferez fondre par ſa chaleur dix grains d'Ambre en le remuant avec le pilon y versant un filet d'eau de fleurs d'Orange, vous y ajoûterez six grains de Civette, & ayant bien mêlé le tout ensemble, vous y verserés deux cueillerées d'eau de Mille-fleurs dans laquelle vous aurez fait détremper gros comme un pois de gomme Arabic : le tout étant bien mêlé vous en frotterez l'envers de vôtre Tabit bien légerement avec un petit morceau d'éponge, & sera fait.

Boîtes parfumées pour mettre le Linge.

LEs Boîtes pour le linge se garnissent & se couvrent de la même maniere, & du même Parfum que les boîtes à perruques ; il n'y a de difference que la façon de la boîte qui est faite en maniere d'un petit coffre, & pour la grandeur on ne les fait d'ordinaire que d'une grandeur capable de renfermer tout le menu linge d'un jour ou deux d'une personne de qualité.

Toilette de senteur.

LEs Toilettes de senteur se font de deux manieres,la premiere est celle-cy qui ne differe en rien à la garniture des boîtes à Perruques,il faut assembler vôtre étoffe de la grandeur dont vous voulés la Toilette , & l'étendre sur un Métier à Broder , & la garnir d'un lit de Cotton parfumé & mettre la poudre par dessus : & couvrir le tout d'une étoffe telle que vous voudrez & la piquer. Si l'étoffe de laquelle vous faites le dessus n'étoit pas assez épaisse pour supporter la composition de laquelle vous la frottés,vous augmenterez cette composition avec de l'eau de Millefleurs & vous la ferez boire à une suffisante quantité de Cotton que vous laisserez en aprés seicher , puis vous en ferez un lit bien mince & bien égal par dessus la poudre que vous aurez mise , ou du moins vous en mettrez à plusieurs endroits : & vous couvrirez le tout de vôtre étoffe , & la piquerez de la maniere qu'il vous plaira, & sera faite.

Toilettes de senteur de Montpellier.

VOus prendrez de la Toille neuve bien forte & peu serrée, & vous la couperez de la grandeur que vous voudrez faire vos Toilettes, & les ferez tremper & bien laver dans plusieurs eaux, puis les mettrez seicher, & étant seiches vous les mettrez tremper dans de l'eau d'Ange du jour au lendemain & les remettrez seicher. Vous aprêterez ensuite la composition suivante.

Deux livres d'Iris, une livre de racine de Campanne, deux onces de bois de Rozes, quatre onces de Sendal Citrain, une once de Calamus, deux onces de Souchet, demi once de Canelle, deux gros de clou de Gerofle, & une demi once de Labdanum. Vous mettrez toutes ces drogues en poudre passée au Tamis de crin, l'une aprés l'autre, & ensuite vous les mêlerez ensemble, & les mettrez dans le mortier avec de la gomme Adragant que vous aurez fait détremper avec de l'eau d'Ange, il faut que la gomme soit claire, & qu'il y ait beaucoup d'eau afin que la pâte en soit claire ; vous frotterez vos Toilles avec cette pâte des deux côtez le plus fort que vous pourrez, afin que la pâte penetre & s'attache à la Toille : vous y laisserez tout ce qui s'y attachera, les rendant les plus unies que vous pourrez; & ensuite vous les mettrez seicher, & lors qu'elles seront presque seiches, vous prendrez une éponge que vous tremperez dans de l'eau d'Ange, & vous en frotterez vos Toilles pour les rendres unies : puis vous les mettrez derechef seicher, & seront faites.

Il faudra lors qu'elles seront seiches les plier dans les plis où vous voudrés qu'elles demeurent. Ces sortes de Toilettes s'enferment entre deux étoffes telles que l'on veut.

Autre composition de Toillettes.

LEs Toilles êtant lavées & purgées & seiches comme cy-devant, vous ferez la composition suivante.

Deux livres d'Iris, une livre de racine de Campanne, deux onces d'écorce de Citron seiche, une once d'écorce d'Orange seiche, une once de clou de Gerofle, demi livre de Benjoin, quatre onces de Storax, deux onces de Souchet, une once de Calamus, deux onces de Labdanumt. Toutes ſes drogues ſeront miſes en poudre paſſée au Tamis de crin, l'un aprés l'autre, puis vous les mêlerez enſemble & vous en ferés une pâte claire comme à l'Article précedent, vous en frotterez vos Toilles & les finirez de même, & ſeront faites.

§. I. *Compoſition pour porter ſur ſoy.*

BRoyés dans le petit mortier gros comme un pois de Benjoin, verſez-y un filet de Beaume du Perou, puis y ajoûtés quatre grains de Civette, & ayant bien mêlé le tout avec le pilon ramaſſé-le avec du cotton & le mettez dans vôtre boîte ou gland.

Autre maniere.

FAites chaufer le petit mortier & faite fondre à ſa chaleur quatre grains d'Ambre, dilayés-le avec un filet d'eſſence d'Ambre, ajoûtés-y deux grains de Civette, & l'ayant mêlé ramaſſé-le tout avec du cotton & le mettez dans vôtre boîte ou gland.

Autre maniere.

FAite chaufer le petit mortier & faites fondre à ſa chaleur ſix grains d'Ambre, & le dilayés avec quatre goute d'eau de Mille-fleurs, ajoûtés-y quatre grains de Muſc, & les ayant broyez enſemble ramaſſés-le tout avec du cotton, que vous aurez frotté auparavant avec un grain de Civette, & le mettés dans vôtre boîte ou gland.

Autre maniere.

BRoyés dans le mortier quatre grains de Muſc, & deux grains de Civette enſemble, ajoûtez-y quatre goutes de Baume du Perou, & ramaſſé-le tout avec un peu de cotton, & le mettez dans vôtre boîte ou gland.

Autre maniere.

FAites chaufer le petit mortier, & faite fondre à ſa chaleur douze grains d'Ambre, ajoûtés-y ſix grains de Civette, & quelques larmes d'eau de Mille-fleurs, enſuite prenés un peu de de cotton & l'arosés légerement de quelque goute d'essence de Gerofle & de Canelle, & ramassés vôtre composition avec ce cotton. Enfermés le tout dans une petite vessie de Musc, & l'enveloppés ensuite avec un morceau de peau de senteur, & la cousés tout au tour : & si vous voulés couvrir le tout de quelque étoffe propre vous le pouvés.

Autre maniere.

DAns les boîtes qui ont plusieurs étages on met differentes odeurs le plus souvent sans mélange, par exemple, dans l'une on y met du Baume du Perou, dans un autre de la Civette avec du cotton, dans un autre de l'essence de Gerofle ou de Canelle avec du cotton, ainsi d'autres parfums suivant qu'on les aime.

§. II. *Maniere de parfumer par la fumée.*

IL faut avoir un coffre de bois que l'on nomme parfumoir, il est fait comme un autre coffre à la reserve qu'il y a en bas une ouverture par laquelle on passe une ou deux petites terrasses de feu pour brûler les compositions avec lesquelles on veut parfumer, & lors que la composition se brûle on ferme le coffre & ladite ouverture. Et à l'entrée du coffre environ demi pied avant, il y a une grille de bois ou de fil de cuivre pour suporter ce que l'on veut parfumer. On doit avoir soin de remuër & changer de côté ce que l'on parfume, afin que l'odeur soit égalle par tout & la fumée des parfums ne gâte ny ne noircit pas ce que l'on y met. Cette instruction servira pour tout ce que l'on voudra parfumer par la fumée.

Cotton parfumé.

METtez vôtre Cotton sur la grille étendu également, & mettez brûler dans une terrasse celles des Pastilles que vous voudrez & fermez le parfumoir : & il prendra l'odeur.

Autre maniere.

ALlumez cinq ou six oizelets au fonds du Parfumoir & les posez sur des carreaux afin qu'ils ne brûlent pas le bois, & fermés le parfumoir.

Autre maniere.

MEttez dans une cassolette ou dans une écuelle d'argent de l'eau de Mille-fleurs sur une terrasse de feu, & lors que l'eau bouillira elle s'en ira en fumée & parfumera le cotton, ou brûlé de la même maniere de l'eau de fleurs d'Orange dans laquelle vous aurés versé un filet d'essence d'Ambre, & l'odeur en sera fort douce.

Pour parfumer une Chambre par la fumée.

LEs fenestres êtant fermées allumez des oizelets & les posez aux coins de la Chambre proche les Tapisseries, ou faites chaufer la pelle du feu, & versés dessus de l'eau d'Ange, ou de

Mille-fleurs, ou de fleurs d'Orange, avec un filet d'essence d'Ambre, & les fumées donneront bonne odeur.

Autre maniere.

METTEZ dans des cassolettes ou des écuelles d'argent les eaux de senteurs que vous voudrez & les posez sur des rechauts de feu, & lors que les eaux bouilliront la fumée qui en sortira donnera bonne odeur. On peut brûler aussi toutes sortes de Pastilles dans la cendre chaude.

TRAITE'

DES PEAUX ET GANDS Parfumez.

Maniere de purger les Peaux d'Evantails & les parfumer aux fleurs.

IL faut couper les Peaux de Cannepin un peu plus grandes que l'on ne veut qu'elles demeurent, à cause qu'il les faut piquer au tour des moûles comme vous verrez cy-aprés, ensuite vous les laverez dans de l'eau commune tant de fois que l'eau demeure nette, puis vous les laisserez tremper jusqu'au lendemain, vous les exprimerez & les étendrez sur des cordes, & étant seiches vous les laverez dans de l'eau de fleurs d'Orange & les y laisserez tremper jusqu'au lendemain que vous les tirerez de l'eau.

ſans les trop exprimer & les étendrez derechef ſur des cordes, vous aurez ſoin de les détirer à meſure qu'elles ſeicheront, parce qu'il faut qu'elles ſe trouvent ſeiches & détirées en même temps, car autrement on ſeroit en danger de les déchirer ou de les gâter : enſuite il faudra les colorer des couleurs que vous voudrez par les deux côtez avec une éponge, puis les étendres ſur les moûles & les mettre ſeicher à l'air.

Les moûles à Evantails ſont des planchettes de l'épaiſſeur de deux écus, taillée en évantails, qui ont des pointes d'éguilles tout au tour, par le moyen deſquels on étend l'évantail : il faut prendre garde que le côté de la chair ſoit toûjours en dehors.

Lors que vos Peaux d'Evantails ſeront ſeiches vous les chargerez de compoſition, telle que vous voudrez la choiſir dans celles à charger gands ou Peaux, du côté de la chair ſeulement, pendant qu'elles ſont étenduës ſur les moûles, & étant ſeiches pour lors vous les releverez pour leur donner les fleurs.

Lors que vous aurez dessein de parfumer ces peaux aux fleurs, il faudra choisir les compositions dans lesquelles il y a le plus de Civette pour les charger. Si-non vous vous servirez des autres.

Vos Evantails étant preparé comme dessus, vous vous servirez d'une caisse dans laquelle vous mettrez un lit de fleurs, & un lit de Peaux, continuant ainsi jusqu'à ce que toutes vos peaux soient en fleurs; si vous avez les fleurs en abondance vous les renouvellerez au bout de douze heures, si-non le lendemain à pareille heure, & leurs ayant donné les fleurs cinq ou six fois elles seront faites. Il faut se servir de fleurs d'Oranges, se sont les meilleures à cet usage.

Maniere de purger & parfumer toutes sortes de grandes Peaux.

Vous choisirez des Peaux telles que vous voudrés, soit de Chamois, ou de Mouton, Agneaux, Chevreaux, ou de Chiens, qui n'ayent pas été aprestée avec des jaunes d'œufs, car d'ordinaire les peaux ſont apprêtées ainſi pour les rendres moileuſes, & cela eſt contraire au parfum ; il faut auſſi qu'elles ſoient parées.

Il faudra tout ainſi qu'aux peaux d'Evantails, les laver dans de l'eau commune tant de fois que l'eau demeure nette, puis les laiſſer tremper un jour, & les ayant retiré de l'eau les bien exprimer & les mettre ſeicher ſur des cordes, enſuite les bien frotter & amolir, & les mettre en aprés tremper dans de l'eau de fleurs d'Orange pendant vingt quatre heures, puis les retirer de l'eau ſans les trop exprimer & les mettre ſeicher, & pour lors étant ſeiches vous les frotterez & les ouvrirez bien, puis vous les mettrés en couleur de celle qu'il vous plaira choiſir à la fin de ce Traité, & étant colorées vous les chargerés de telle compoſition que vous voudrés choiſir avant que de leur donner les fleurs, ou bien vous vous contenterés de les parfumer aux fleurs ſeulement, de la maniere qui ſuit.

Vos Peaux étant preparées comme je viens de dire, vous prendrés une caiſſe

caiſſe grande à proportion de ce que vous aurés de Peaux, & vous ferés un lit de fleurs, & un lit de Peaux, continuant de même juſqu'à ce que vous ayez tout employé. Vous laiſſerés vos Peaux dans les fleurs pendant vingt quatre heures, puis vous les retirerez d'avec les fleurs & les étendrés ſur des cordes environ une heure, pour deſſeicher l'humidité que les fleurs leur pourra avoir donné, enſuite vous les frotterés & les ouvrirés bien & les remettrés en fleurs comme la premiere fois, vous ferez ainſi pendant cinq ou ſix jours, & ſeront faites.

Maniere de preparer & parfumer les Gands.

LOrs que les Peaux ſont lavées & purgées, comme il eſt enſeigné cy-devant, il faut faire tailler & coudre les Gands, & étant fait les colorer de la couleur que l'on veut ainſi que vous trouverés à la fin de ce Traité, enſuite ſi l'on veut les charger de quelque legere compoſition, il faut le faire avant que de leur donner les fleurs de la maniere que vous trouverés dans les Articles ſuivants, & ayant été ainſi preparés, vous les mettrés en fleurs dans une caiſſe vous ſervant à cet effet des fleurs que vous voudrés, faiſant un lit de Gands & un lit de fleurs, vous continuerés ainſi juſqu'à ce que vous ayez tout employé, & les ayant ainſi laiſſé dans les fleurs du matin au ſoir ou tout au plus vingt quatre heures, vous les retirerés des fleurs, & les mettrés à l'air ſur des cordes pendant une heure pour deſſeicher l'humidité des fleurs, puis vous les frotterés & ouvrirés bien & les retournerés & les remettrés en fleurs fraîches par l'envers, vous continuerés ainſi à leur donner les fleurs par l'endroit & par l'envers pendant quatre ou cinq jours, puis vous les frotterés & redreſſerés, & ſeront faits. Il faudra donner auſſi les fleurs une fois ou deux au papier dans lequel vous les plierés, afin qu'il n'en diminuë pas l'odeur.

A l'égard des Gands ou Peaux que vous chargerés de quelque compoſition de conſequence comme vous en trouverés dans la ſuite, qui ſont faites d'Ambre, de Musc, & de Civette, cela est suffisant pour donner une tres-bonne odeur sans y employer de fleurs.

Composition pour charger les Gands ou Peaux avant que de les mettre en fleurs.

VOus broyerés sur le marbre avec une petite molette un gros de Civette avec un filet d'essence de fleurs d'Orange ou autre fleurs, faite d'huile de Ben, & les ayant bien mêlés ensemble vous y ajoûterés un peu d'eau de Mille-fleurs, ensuite vous broyerés à part gros comme une noizette de gomme Adragant qui aura été détrempée avec de l'eau de fleurs d'Orange, puis aprés vous broyerés vôtre Civette & vôtre gomme ensemble y ajoûtant peu à peu de l'eau de Mille-fleurs; vous continuerés ainsi jusqu'à ce que vous ayez bien incorporé le tout ensemble: pour lors vous mettrés vôtre composition dans le mortier & augmenterés l'eau en la remuant avec le pilon jusqu'à la quantité d'un poisson, qui est la moitié d'un demi septier : puis vous chargerés vos Gands ou Peaux bien également de cette composition avec une éponge, & les mettrés seicher à l'air sur des cordes, & étant secs vous les frotterés & les ouvrirés & leur donnerés les fleurs comme je l'ay dit cy-devant.

Composition Musquée.

VOus broyerez sur le marbre deux gros de Musc avec un filet d'essence de fleurs comme cy-devant, & étant bien broyé le rangerez sur un coin du marbre : ensuite vous broyerez un demi gros de Civette avec un filet de la même essence, & la mettrez aussi à part : puis vous broyerez gros comme une noix de gomme Adragant qui aura été détrempée avec de l'eau de Mille-fleurs, y ajoûtant un filet d'essence d'Ambre, vous broyerez ensuite le tout ensemble y ajoûtant peu à peu de l'eau de Mille-fleurs, & lors que la composition sera bien incorporée avec l'eau, vous la mettrez dans le mortier, & augmenterez l'eau en remuant avec le pilon jusqu'à la consistance d'un demi septier, & en chargerez vos Gands ou Peaux & les mettrés seicher.

Autre maniere.

VOus broyerés sur le marbre demi gros de Civette avec un filet d'essence de fleurs comme cy-dessus, & étant broyée la rangerés sur un coin du marbre, ensuite vous broyerés un gros de Musc avec un filet de la même essence, & la rangerés aussi à part, puis vous broyerés gros comme une petite noix de gomme Adragant qui aura été détrempée avec de l'eau de Mille-fleurs, en aprés vous rassemblerés vos trois drogues & les broyerés ensemble, y ajoûtant peu à peu de l'eau de Mille-fleurs, & lors que la composition aura été broyée pour pouvoir facilement s'incorporer avec l'eau, vous la mettrés dans le mortier y augmentant l'eau jusqu'à la quantité d'un demi septier : ensuite vous chargerés vos Gands ou Peaux avec une éponge & les mettrés seicher, &

êtant secs vous les frotterés, & les ouvrirés, & redresserés, & seront faits.

Composition à l'Ambrette.

VOus broyerés sur le marbre demi gros de Civette avec un filet d'essence de fleurs d'Orange ou autre, & êtant broyé la rangerés sur un coin du marbre : ensuite vous broyerés gros comme une petite noix de gomme Adragant qui aura été détrempée avec de l'eau de fleurs d'Orange, puis aprés vous broyerés le tout ensemble afin de les mêler : puis vous ferés chaufer le petit mortier & vous delayerés par sa chaleur un gros d'Ambre, y ajoûtant un petit filet d'eau de fleurs d'Orange que vous augmenterés peu à peu jusqu'à la quantité d'un poisson, puis vous broyerés de nouveau vôtre Civette avec un peu d'eau de fleurs d'Orange, & êtant bien incorporée avec l'eau vous mêlerés le tout ensemble dans le mortier & augmenterés l'eau jusqu'à ce que vôtre composition fasse en tout la quantité d'un demi septier, vous en chargerez vos Gands ou Peaux avec une éponge & vous les mettrez ſeicher à l'air.

Compoſition de Rome.

VOus broyerez ſur le marbre un gros d'Ambre avec un filet d'eſſence de fleurs, ſi-bien qu'il ny reſte point de grumelots, puis vous le rangerez à un coin du marbre : vous broyerez de même un demi gros de Muſc & le mettrez encore à part : vous broyerez auſſi dix-huit grains de Civette & la mettrez auſſi à part : vous broyerez de plus, gros comme une petite noix de gomme Adragant, qui aura été détrempée avec de l'eau de fleurs d'Orange, dans laquelle vous aurez verſé un filet d'eſſence d'Ambre, en aprés vous raſſemblerez toutes vos drogues & les broyerez toutes enſemble, y ajoûtant peu à peu de l'eau de fleurs d'Orange, & lors que l'eau ſe pourra bien incorporer avec la compoſition, vous la mettrez dans le mortier y ajoûtant de la même eau juſqu'à la conſiſtance d'un demi ſeptier, &

vous en chargerez vos Gands ou Peaux que vous mettrez en aprés ſcicher.

Autre maniere.

VOus broyerez ſur le marbre un demi gros de Muſc avec un filet d'eau de Mille-fleurs, & l'eau êtant bien mêlée vous le rangerez à part : vous broyerés enſuite gros comme une noizette de gomme Adragant, qui aura été détrempée avec de l'eau de fleurs d'Orange, vous broyerez en aprés le Muſc & la gomme enſemble, y ajoûtant peu à peu de l'eau de fleurs d'Orange, & l'eau êtant bien incorporée vous ferez ce qui ſuit.

Vous ferez chaufer le petit mortier & ferez fondre par ſa chaleur un gros d'Ambre, que vous delayerez avec un filet d'eſſence d'Ambre, & êtant bien fondu & delayé vous y ajoûterez un peu d'eau de Mille-fleurs : enſuite vous mettrez vôtre Muſc avec l'Ambre dans le mortier, & vous les mêlerez bien enſemble avec le pilon y ajoûtant une cueillerée d'eau de gomme Arabic, & augmenterez cette compoſition avec de l'eau de fleurs d'Orange, jusqu'à la quantité d'un demi septier, & lors que vous en voudrez charger vos Peaux & Gands, vous poserez vôtre mortier sur un rechaud de feu pour la tenir tiéde, & en userez comme à l'ordinaire.

Pointe d'Espagne.

VOus broyerez sur le marbre dix-huit grains de Civette avec un filet d'eau de Mille-fleurs, & la rangerez sur un coin du marbre, ensuite vous broyerez gros comme une noizette de gomme Adragant qui aura été détrempée avec de l'eau de Mille-fleurs, puis vous broyerez la Civette & la gomme ensemble jusqu'à ce qu'ils soient bien incorporez, & y augmentant l'eau de Mille-fleurs jusqu'à la quantité d'un poisson : vous chargerez vos Peaux ou Gands de cette composition & vous les mettrez ensuite seicher, & étant secs vous les frotterez & les ouvrirez bien, puis vous ferez ce qui suit.

Vous broyerez sur le marbre un gros de Musc avec un filet d'eau de

Mille-fleurs, & étant bien broyé & l'eau bien incorporée vous le laisserez à part : vous ferez chaufer le petit mortier & ferez fondre à la chaleur deux gros d'Ambre, y ajoûtant un filet d'eau de Mille-fleurs pour le delayer, & étant fondu & mêlé avec cette eau vous y ajoûterez le Musc que vous aurez broyé, & vous mêlerez bien le tout ensemble avec le pilon, y ajoûtant un filet d'essence de Gerofle & vous augmenterez cette composition avec de la même eau de Mille-fleurs, jusqu'à la quantité d'un demi septier : y mettant de plus deux cueillerées d'eau de gomme Arabic, & pour employer cette composition vous mettrez le mortier dans lequel elle sera sur un rechaud de feu afin de la tenir tiéde pour en charger vos Gands ou Peaux.

Gands ou Peaux chargez d'Ambre.

VOus broyerez sur le marbre dix-huit grains de Civette avec un filet d'eau de fleurs d'Orange, & la mettrez à part, puis vous broyerez gros comme une noizette de gomme

Adragant qui aura été détrempée avec de l'eau de fleurs d'Orange : ensuite vous broyerez la Civette & la gomme ensemble, y ajoûtant de l'eau peu à peu jusqu'à la quantité d'un poisson, & vous en chargerez vos Peaux ou Gands avec une éponge & les mettrez seicher : & étant secs vous les frotterez & les ouvrirez, puis vous ferez ce qui suit.

Vous ferez chaufer le petit mortier bien chaud & vous ferez fondre à sa chaleur deux gros d'Ambre, y ajoûtant un filet d'eau de fleurs d'Orange dans laquelle vous aurez auparavant mis un filet d'essence d'Ambre, & vôtre Ambre étant fondu vous augmenterez peu à peu vôtre composition avec de l'eau de fleurs d'Orange en la remuant avec le pilon jusqu'à la quantité d'un poisson, y mettant de plus deux cueillerées d'eau de gomme Arabic : & le tout étant bien mêlé vous mettrez vôtre mortier sur un rechaud de feu pour employer vôtre composition tiéde, de laquelle vous chargerez vos Gands ou Peaux avec une éponge, & les mettrez seicher.

Lors que vos Gands ou Peaux ont été chargez de l'une des susdites compositions, il faut les mettre seicher sur des cordes, & étant bien secs il les faut frotter, & ensuite les ouvrir avec les bâtons, & les redresser & les serrer. Mais à l'égard des gands de chien & ceux de chevreau, que l'on nomme ordinairement façon de chien, il est necessaire de les humecter par le dedans, c'est ce qu'on appelle lavez, il faut aprés que la composition est seiche & qu'ils ont étez frottez & ouverts les retourner & frotter l'envers de la composition suivante.

Ocaigne pour les Gands.

VOus broyerez sur le marbre une once d'essence de fleurs d'Orange ou de Jassemin avec deux gros d'essence d'Ambre & deux grains de Civette jusqu'à ce qu'ils soient bien mêlez ensemble : & ensuite vous en frotterez l'envers de vos gands avec une éponge bien également : puis vous les mettrez un peu seicher à l'air & les redresserés, & seront faits.

Vous remarquerez que le dernier Parfum que l'on donne & qui eſt le plus neceſſaire à toutes ſortes de choſes que l'on veut conſerver, c'eſt celuy de ſeicher au feu toutes les feüilles de papier deſquelles on ſe ſert pour garnir ou pour plier : car quoy qu'elles paroiſſent ſeiches elles ont toûjours de l'humidité.

Maniere de mettre les Peaux & Gands en couleur.

VOus broyerez ſur le marbre les couleurs que vous aurez choiſi avec un peu d'huile de ben, autrement de l'eſſence de Jaſſemin ou de fleurs d'Orange, & les ayant bien broyé vous y ajoûterés de l'eau de fleurs d'Orange peu à peu en continuant à broyer pour les bien incorporer enſemble, ce qui étant fait vous rangerés vôtre couleur ſur un coin du marbre, & vous broyerés autant de gomme Adragant qu'il y aura de couleur; la gomme aura été détrempée avec de l'eau de fleurs d'Orange & l'ayant bien broyé vous aſſemblerés la gomme &

la couleur & vous les broyerés ensemble, puis vous y ajoûterés peu à peu de l'eau de fleurs d'Orange. Vous mettrés ensuite le tout dans une terrine & vous augmenterés l'eau à vôtre discretion, vous ferez ensorte qu'elle ne soit pas trop épaisse, puis vous en chargerés vos Gands ou Peaux avec des brosses & en aprés les mettrés seicher à l'air, & étant secs vous les frotterés & les ouvrirés bien avec les bâtons. Vous broyerés ensuite de la gomme Adragant avec un petit morceau de la même couleur dont vous vous serés servy pour faire vôtre couleur de Gands. Il faut que cette gomme soit détrempée avec de l'eau de fleurs d'Orange & qu'elle soit claire, puis vous frotterés vos Gands ou Peaux de cette gomme bien légetement & vous les remettrés seicher, cela fait que la couleur ne se détache pas des Gands, & étant secs pour lors vous les frotterés & ouvrirés & les redresserés, & seront fait.

Mélange des Couleurs.

Isabelle vif.

Beaucoup de blanc, la moitié d'autant de jaune, & les deux tiers de jaune de rouge.

Isabelle pasle.

Beaucoup de blanc, moitié d'autant de jaune, & la moitie d'autant de rouge.

Couleur de noizette.

Terre d'ombre brûlée, un peu de jaune, peu de blanc, & fort peu de rouge.

Noizette claire.

Terre d'ombre brûlée presque autant de jaune, un peu de blanc, & autant de rouge.

Noizette brunastre.

Terre d'ombre brûlée, un peu de pierre noire, un peu de jaune, un peu de rouge.

Couleur d'Ambre.

Beaucoup de jaune, un peu de blanc, peu de rouge.

Couleur d'or.

Beaucoup de jaune, un peu plus de rouge.

Couleur de chair.

Un peu de jaune, un peu de blanc, un peu plus de rouge que de jaune.

Couleur de paille.

Beaucoup de jaune, fort peu de blanc, fort peu de rouge, & beaucoup de gomme.

Couleur brun.

Terre d'ombre brûlée, beaucoup de pierre noire, un peu de noir, & un peu de rouge.

Brun clair.

Terre d'ombre brûlée, un peu de pierre noire, un peu de rouge.

Couleur de musc.

Terre d'ombre brûlée, bien peu de pierre noire, un peu de rouge, un peu de blanc.

Couleur de Franchipanne.

Peu de terre d'ombre, deux fois autant de rouge, & trois fois autant de jaune.

Franchipanne claire.

Peu de terre d'ombre, beaucoup de jaune,

jaune, peu de blanc, & preſque autant de rouge que de jaune.

Couleur d'olive.

Terre d'ombre ſans brûler, peu de jaune, le quart de rouge de jaune.

Couleur de blois.

Beaucoup de jaune, un peu de blanc, peu de terre d'ombre, & la moitié d'autant de rouge que de jaune.

TRAITÉ DU TABAC.

Maniere de mettre le Tabac en poudre.

SI le Tabac que vous avez est en corde il le faut décorder & le mettre seicher au Soleil ; & si il est en côte il le faut mettre seicher de même & étant sec le piler au mortier. Il faut que la toile du sas du quel vous vous servirez soit suffisamment claire pour laisser passer le plus gros grain que vous vouliez faire : & afin de ne pas piler vôtre Tabac jusqu'à le reduire tout à fait fin, il faut à tout moment sasser ce qui se pile, parce que si vous pilez trop longs-temps il arrivera que vous mettrez en poussiere ce qui est en grain, & le tout étant en poudre vous le purgerez de la maniere qui suit.

Maniere de purger le Tabac.

VOus vous servirez d'un baquet ou autre vaisseau semblable qui soit plus grand qu'il ne faut pour contenir le Tabac que vous voulés purger, & qu'il y ait sous ce vaisseau un bondon ou broche que l'on puisse tirer pour faire évader l'eau, lors qu'il en sera temps, vous garnirés le vaisseau d'une Nappe ou Toille assez grande pour aller jusqu'au fonds & deborder tout au tour. Il faut aussi que la Toille soit forte & bien serrée, afin que le Tabac ne puisse passer au travers. Vous mettrez vôtre Tabac dans le vaisseau avec beaucoup d'eau ensorte qu'il trempe bien : vous le remuerez bien dans l'eau, & le laisserés tremper jusqu'au lendemain : puis vous ferez sortir l'eau retenant le Tabac avec la Toille & l'exprimerez le plus que vous pourrez, & remettrez de l'eau & le laverez derechef & le laisserez encore tremper comme la premiere fois & enfin vous ferez ainsi deux ou trois fois de suite. Ce qui étant fait la derniere fois vous exprimerez vôtre Tabac le plus que vous pourrez & vous aurez des clayes d'ozier qui seront garnies de Toilles fortes & serrées sur lesquelles vous mettrez seicher vôtre Tabac au Soleil, & vous aurez soin de moment en moment de le remuer afin qu'il seiche par tout également; & lors qu'il sera bien sec vous le remettrez dans le vaisseau ou baquet avec suffisante quantité d'eau de senteur à vôtre choix, soit de l'eau de Roze ou de fleurs d'Orange ou d'Ange, sè sont les eaux qui sont propres au Tabac, vous le laisserez tremper dans cette eau jusqu'au lendemain. Ensuite vous le tirerez de l'eau l'exprimant doucement & le mettrez seicher derechef sur vos clayes, ayant soin de le remuër à mesure qu'il seiche & étant sec vous l'aroserez encore de la même eau: ensorte qu'il soit comme en pâte & vous le laisserez derechef seicher, & pour lors étant sec il sera en état de prendre l'odeur des fleurs.

La maniere cy-dessus de purger le Tabac est la meilleure, & le Tabac par cette maniere est en état de recevoir toutes les odeurs que l'on luy veut donner ; mais l'on ne peut se servir de cette methode sans aporter au Tabac de la diminution, & pour les personnes qui voudront épargner l'eau de senteur & empêcher qu'il ne diminuë tant, il pourront se servir de la maniere qui suit.

Autre maniere de purger le Tabac.

VOus mettrez vôtre Tabac tremper dans l'eau seulement une fois pendant vingt quatre heures, ensuite de quoy vous ferez évader l'eau & l'exprimerez le plus que vous pourrez dans la Toille, ou avec les mains ; & le mettrez seicher sur les clayes le remuant de moment en moment pendant qu'il seiche, & étant bien sec vous l'aroserez d'eau de senteur de laquelle vous voudrez : ensorte qu'il soit comme en pâte, & vous le laisserez derechef seicher, & étant sec l'asorez une seconde fois, & le ferez encore seicher : & pour lors il sera prêt de prendre l'odeur que vous voudrez, ou bien si vous le voulez mettre en couleur de jaune ou de rouge vous le ferez avant que de le parfumer aux fleurs, comme l'Article suivant l'enseigne.

Maniere de mettre le Tabac en couleur Jaune ou Rouge.

VOus prendrez de l'Ocre jaune ou rouge, du quel vous voudrez, supposé la grosseur d'un œuf vous y ajoûterez un peu de blanc de craye pour moderer un peu la couleur : vous les broyerez sur le marbre avec environ demi once d'huile d'amande douce, & les ayant parfaitemẽt bien broyées vous y ajoûterez de l'eau & l'augmenterez toûjours peu à peu, en continuant à broyer jusqu'à ce que l'eau s'incorpore bien avec la couleur : & pour lors vous rangerez vôtre couleur sur un coin du marbre. Ensuite vous broyerez deux cueillerées de gomme Adragant détrempée, & étant bien broyée l'assemblerez avec vôtre couleur & les broyerez ensemble tant qu'ils soyent bien mêlés, y ajoûtant de l'eau peu à peu & à lors vous mettrez le tout dans une Terrine, & augmenterez l'eau en remuant bien le tout, juſqu'à la quantité d'une pinte ou environ. Ce qui êtant fait vous prendrez la quantité de Tabac purgé que vous voudrez, & le mettrez dans un vaiſſeau ou terrine ; & verſerez parmi vôtre Tabac de la ſuſditte couleur la mêlant bien avec les mains, faiſant comme une pâte non pas trop liquide mais ſeulement bien imbibé. Vous le laiſſerez dans ſa couleur juſqu'au lendemain & enſuite le mettrez ſeicher ſur des toiles au Soleil, & vous aurez ſoin de le remuër à meſure qu'il ſeichera, & êtant ſec vous ferez une gomme comme il ſuit pour le gommer.

Vous broyerez ſur le marbre de la gomme Adragant détrempée avec de l'eau de ſenteur, & êtant bien broyée vous y ajoûterez peu à peu de l'eau en continuant à broyer en ſorte qu'elle ſoit fort claire : & pour vôtre commodité la mettrez dans une terrine, afin d'y pouvoir ajoûter de l'eau ſuffiſamment. Vous mouillerez enſuite le dedans de vos mains avec cette gomme & en frotterez vôtre Tabac & vous ferez ainſi juſqu'à ce que tout vôtre

Tabac ait été gommé, & pour lors vous le laisserez seicher, le remuant de moment en moment. Et étant sec vous sasserez tout vôtre Tabac avec le sas tout le plus fin que vous ayez, afin d'en séparer la couleur qui ny sera pas attachée : ce qui étant fait il sera en état d'être parfumé aux fleurs ou à l'odeur que vous voudrez choisir.

Maniere de parfumer le Tabac aux fleurs.

IL est bon de sçavoir que les fleurs qui sont le plus de service pour le Tabac, sont les fleurs d'Oranges, le Jassemin, les Rozes communes, les Rozes muscades & les Tubereuses, & fort difficilement les autres fleurs communiquent-elles leur odeur bien naturellement, à moins que de les repeter bien des fois : & ensuite les aider en parfumant le Tabac de l'essence des mêmes fleurs comme vous verrez dans les Articles de parfumer le Tabac: mais l'odeur ne dure jamais longs-temps comme des sortes cy-dessus nommées. Voicy de quelle maniere on les employe.

Vous

Vous aurez une grande caiſſe ſelon vôtre beſoin que vous garnirez de papier bien ſec & dans laquelle vous mettrez un lit de Tabac épais d'un pouce, puis un lit de fleurs & continuerez ainſi juſqu'à ce que vous ayez tout employé, & laiſſerez de cette maniere vôtre Tabac parmi les fleurs pendant vingt quatre heures : ſi vous avez les fleurs en abondance vous les changerés au bout de douze heures. Enſuite vous ſaſſerés vôtre Tabac pour retirer les fleurs & les renouvellerés en même temps, & ferés ainſi pendant quatre ou cinq jours & lors que vous ſentirés que vôtre Tabac aura bien pris l'odeur des fleurs, vous l'enfermerés dans vos boîtes dans un lieu ſec pour le conſerver. Il n'eſt point neceſſaire de toucher au Tabac pendant que les fleurs ſont dedans parce qu'il ne s'échaufe pas.

Autre maniere de parfumer le Tabac aux fleurs.

VOus aurés une quantité ſelon le beſoin de feüilles de papier de la grandeur ou à peu prés de la caisse dont vous vous servirez ; les dittes feüilles seront toutes seichées au feu, & ensuite piquées par tout d'une grosse épingle : & pour mettre vôtre Tabac en fleurs, vous mettrés dans vôtre caisse un lit de Tabac épais d'un doigt, puis vous mettrés sur le Tabac une feüille de papier, & sur le papier un lit de fleurs & sur les fleurs une autre feüille de papier ; vous mettrés de rechef sur le papier un lit de Tabac & continuerés ainsi jusqu'à ce que vous ayez tout employé. De cette maniere les fleurs sont entre deux papiers & le Tabac de même, sans que le Tabac touche aux fleurs, & par cette maniere le Tabac prend l'odeur des fleurs bien naturellement, parce que l'odeur des fleurs n'est point corrompuë par le Tabac. Vous aurez soin de changer les fleurs selon l'abondance que vous en aurez, soit au bout de douze heures ou de vingt quatre : & lors que vous voudrés les retirer, il ne faudra que retirer vos feüilles de papier & sasser vôtre Tabac avec un sas, dont la toille de crin soit assez claire pour laiſſer paſſer vôtre Tabac, & retenir vos fleurs, vous donnerés ainſi les fleurs pendant quatre ou cinq jours, & ſera fait.

Boutons de Rozes pour le Tabac.

VOus prendrez une quantité de boutons de Rozes telle que vous voudrés, deſquels vous arracherés le bouton vert & mettrez à la place de chacun un clou de Gerofle: enſuite vous les mettrés dans une bouteille de verre & la boucherés bien & la mettrés au Soleil pendant trois ſemaines ou un mois, & vous vous ſervirés de ſes boutons pour mettre dans vôtre Tabac: aprés qu'il ſera purgé cela donne une odeur fort agreable.

Tabac de Mille-fleurs.

IL ne s'agit que de mêler enſemble du Tabac de pluſieurs odeurs de fleurs, & de faire enſorte par le plus de l'un ou le moins de l'autre que l'on ne puiſſe connoître qu'elle eſt l'odeur qui domine, & ſera fait.

Maniere de faire le Tabac de differentes grosseur de grain.

IL faut avoir des sas differens, les uns de toille serrée, & d'autres plus claire, ainsi selon la grosseur de vos toilles vous tirerés le grain en le sassant, l'on ne separe le Tabac de cette sorte que lors qu'il a été parfumé aux fleurs.

Tabac fin façon d'Espagne.

LE veritable Tabac d'Espagne est tout à fait fin & rougeâtre, il faut pour en faire de semblable prendre du Tabac rouge & grené, & le piler au mortier & le passer bien fin par le Tamis & comme il aura été purgé avant que d'avoir été mis en couleur ainsi que je l'ay marqué dans le commencement de ce Traité, il ne faudra pour lors que luy donner les fleurs comme je l'ay enseigné & le parfumer ensuite de l'odeur de pointe d'Espagne ou autre si vous voulez, & sera fait.

Pour faire du Tabac de bonne senteur il ne suffit pas de le parfumer aux fleurs, il faut encore luy donner d'autres parfums, il est bien vray que l'odeur des fleurs seroit suffisante & que celuy qui est seulement purgé pourroit être employé dans les compositions suivantes, je laisse cela à la volonté de ceux qui l'accommoderont à leur fantaisie, mais je diray seulement que l'experience m'a fait voir que l'odeur des fleurs accompagne fort bien les odeurs les plus délicates & les plus exquises, & que les odeurs en sont d'une autre qualité & durent bien plus longs temps.

Je ne fais point le détail de plusieurs petits parfums que l'on peut composer soy-même selon la fantaisie : Je donne seulement les memoires des plus excellens parfums, il est aisé à toutes personnes d'en composer de soy-même ayant la connoissance des odeurs qui y sont propres.

Maniere de parfumer le Tabac en poudre de plusieurs odeurs differentes.

Tabac de Cedra ou Berga-motte.

IL n'eſt pas neceſſaire de prendre du Tabac parfumé aux fleurs pour le mettre en odeur de Cedra, il ſuffit qu'il ſoit purgé, parce que le Cedra eſt une odeur forte qui pénetre tout & par conſequent il ſuffit d'en verſer quelque goute dans une once & le bien mêler, & ſera fait.

Tabac de Neroly.

L'Eſſence de Neroly eſt auſſi une eſſence forte qui s'employe comme celle de Cedra, l'odeur en eſt forte & agreable, pourveu que l'on en mette gueres, car elle eſt encore plus pénetrante que celle de Cedra. Il faut particulierement obſerver que ſi l'on veut avoir du Tabac de cette odeur elle doit être pure & veritable : car pour peu qu'elle ſoit mêlée elle devient dans l'uſage d'une odeur déſagreable.

Tabac de Pongibon.

VOus prendrez une livre de Tabac jaune parfumé à la fleur d'Orange, & vous broyerez dans le petit mortier douze grains de Civette avec un petit morceau de Sucre, & l'ayant bien broyé vous y mêlerez un peu de Tabac, & continuerez à l'augmenter en continuant à le mêler avec le pilon tant que vous ayez empli vôtre mortier : vous le renverserez avec le restant de la livre & mêlerés bien le tout avec les mains, puis vous remettrés du même Tabac à moitié plein vôtre mortier, & y versérés une demi once d'essence de fleurs d'Orange que vous mêlerés bien avec le pilon : vous acheverés d'emplir vôtre mortier de Tabac, afin de mieux mêler l'essence vous renverserés par aprés vôtre mortier sur le restant. Vous mêlerés bien le tout ensemble avec les mains, & sera fait. L'odeur en sera fort agreable & durera longs-temps, & quoyque ce soit de l'essence grasse cela ne fera point de tort au Tabac & ne paroîtra point gras, pourveu que l'on augmente pas la doze cy-dessus marquée.

Si le Tabac est parfumé aux fleurs de Jassemin il faudra prendre de l'essence de Jassemin, & ainsi des autres fleurs. Toute sorte de Tabac se peut parfumer de la même maniere.

Tabac Musqué.

VOus prendrés du Tabac de telle odeur de fleurs que vous voudrés, (supposé une livre) vous mettrés dans un petit mortier vingt grains de Musc avec un petit morceau de Sucre & les broyerés bien ensemble, puis vous y ajoûterés un peu de Tabac, & l'augmenterés en continuant à mêler avec le pilon jusqu'à ce que le mortier soit plein : ensuite vous le renverserés sur le restant, & mêlerés bien le tout ensemble, & sera fait.

Tabac à la pointe d'Espagne.

VOus prendrés une livre de Tabac de telle odeur de fleurs que vous voudrés, vous mettrés dans le petit mortier vingt grains de Musc & un petit morceau de Sucre que vous broyerés bien ensemble : ensuite vous y ajoûterés un peu de Tabac & l'augmenterés en continuant à broyer. Vôtre mortier étant plein vous le renverserés à part & le couvrirés avec une partie du restant afin qu'il ne s'évante pas. Vous broyerés par aprés dans le mortier dix grains de Civette avec un petit morceau de Sucre, puis vous y ajoûterés un peu de Tabac & l'augmenterés en continuant à le mêler : vous le renverserés avec le précedent & mêlerés bien avec les mains le tout ensemble, & sera fait.

Tabac en odeur de Rome.

VOus prendrés une livre de Tabac de telle odeur de fleurs que vous voudrés, vous ferés chaufer le petit mortier & ferés fondre à sa chaleur vingt grains d'Ambre, vous y mêlerés un peu de Tabac & l'augmenterés peu à peu en continuant à le mêler avec le pilon, & vôtre mortier étant à moitié plein vous le renverserés à part & le couvrirés avec une partie du restant : ensuite vous broyerés dans le mortier dix grains de Musc avec un petit morceau de Sucre, y ajoûtant du Tabac & êtant mêlé le renverserés sur le précedent & le couvrirés encore. Vous broyerés aussi cinq grains de Civette avec un peu de Sucre y ajoûtant du Tabac, puis vous le renverserés avec le précedent & mêlerés bien le tout ensemble, & sera fait.

Tabac en odeur de Malthe.

VOus prendrés une livre de Tabac de fleurs d'Orange, puis vous ferés chaufer le petit mortier, & vous ferés fondre à sa chaleur vingt grains d'Ambre : ensuite vous y mêlerés un peu de Tabac que vous augmenterés en continuant à mêler avec le pilon, & vôtre mortier êtant plein vous le renverserés à part & le couvrirés avec une partie du restant : puis vous broyerés dans le mortier dix grains de Civette avec un peu de Sucre y ajoûtant du Tabac que vous augmenterés en continuant à mêler avec le pilon :

aprés quoy vous renverserés avec le précedent & mêlerés bien le tout ensemble, & sera fait.

Tabac Ambré.

VOus prendrés une livre de Tabac de telle odeur de fleurs que vous voudrés, puis vous ferés chaufer le petit mortier & ferés fondre à sa chaleur vingt quatre grains d'Ambre : vous y ajoûterés ensuite du Tabac que vous augmenterez peu à peu en continuant à broyer & mêler avec le pilon : vôtre mortier étant plein vous le renverserés avec le restant, & mêlerés bien le tout ensemble avec les mains, & sera fait.

Comme dans les Parfums chacun à son goût & que plusieurs aimeront le Tabac bien parfumé : il y en a qui voudront une odeur douce & cependant qui soit toûjours bonne ; ils auront lieu de se contenter avec les composition cy-devant marquées. Car si les odeurs leur semble trop fortes ils n'auront qu'à augmenter le Tabac aprés que l'odeur y sera donnée, & elle sera douce puisqu'il ny va que du plus ou du moins, d'autant que les compositions en sont tres-bonnes, & sur toutes choses il faut avoir soin de bien enfermer le Tabac lors qu'il est parfumé afin que l'odeur ne s'évante pas.

FIN.

Faute survenuë à l'Impression.

Page 12. ligne 9. mousse de Chesne, il faut lire poudre de mousse de Chesne.

TABLE DE CE QUI est contenu en ce Traité des Parfums.

TRAITE' DES POUDRES pour les Cheveux.

TRAITE' DES SAVONETTES.

§. I.

§. II.

TRAITE' DES ESSENCES ET huiles parfumées aux fleurs.

TABLE.

§. I.

TRAITE' DES POMMADES.

TABLE.

§. I.

§. II.

TRAITE' DES PARFUMS BONS pour la Bouche.

TRAITE' DES EAUX DE Senteurs.

Eau

§. I.

Maniere de faire les Pastilles à brûler.

§. II.

TRAITE' DES GROSSES Poudres à la Maréchalle & de toutes les manieres de s'en servir.

§ I.

§. II.

TRAITE' DES PEAUX & Gands parfumez.

TABLE.

TRAITE' DU TABAC.

Maniere...

Fin de la Table.

CONSENTEMENT.

SUR la Requiſition de SIMON BARBE Maître Parfumeur, à ce qu'il luy ſoit permis de faire Imprimer par tel Imprimeur qu'il voudra choiſir le Manuſcrit qu'il a compoſé intitulé, *le Parfumeur François, qui enſeigne toutes les manieres de tirer les odeurs des Fleurs & à faire toutes ſortes de Parfums*. Veu ledit manuſcrit.

Je conſens pour le Roy à la permiſſion Requiſe; A Lyon le 9. Fevrier 1693.

VAGINAY.

PERMISSION.

PErmis d'Imprimer; A Lyon ce 10. Fevrier 1693.

DE SEVE.

www.ingramcontent.com/pod-product-compliance
Lightning Source LLC
LaVergne TN
LVHW010603110826
845149LV00003B/752

* 9 7 8 2 0 1 9 5 4 4 4 6 1 *